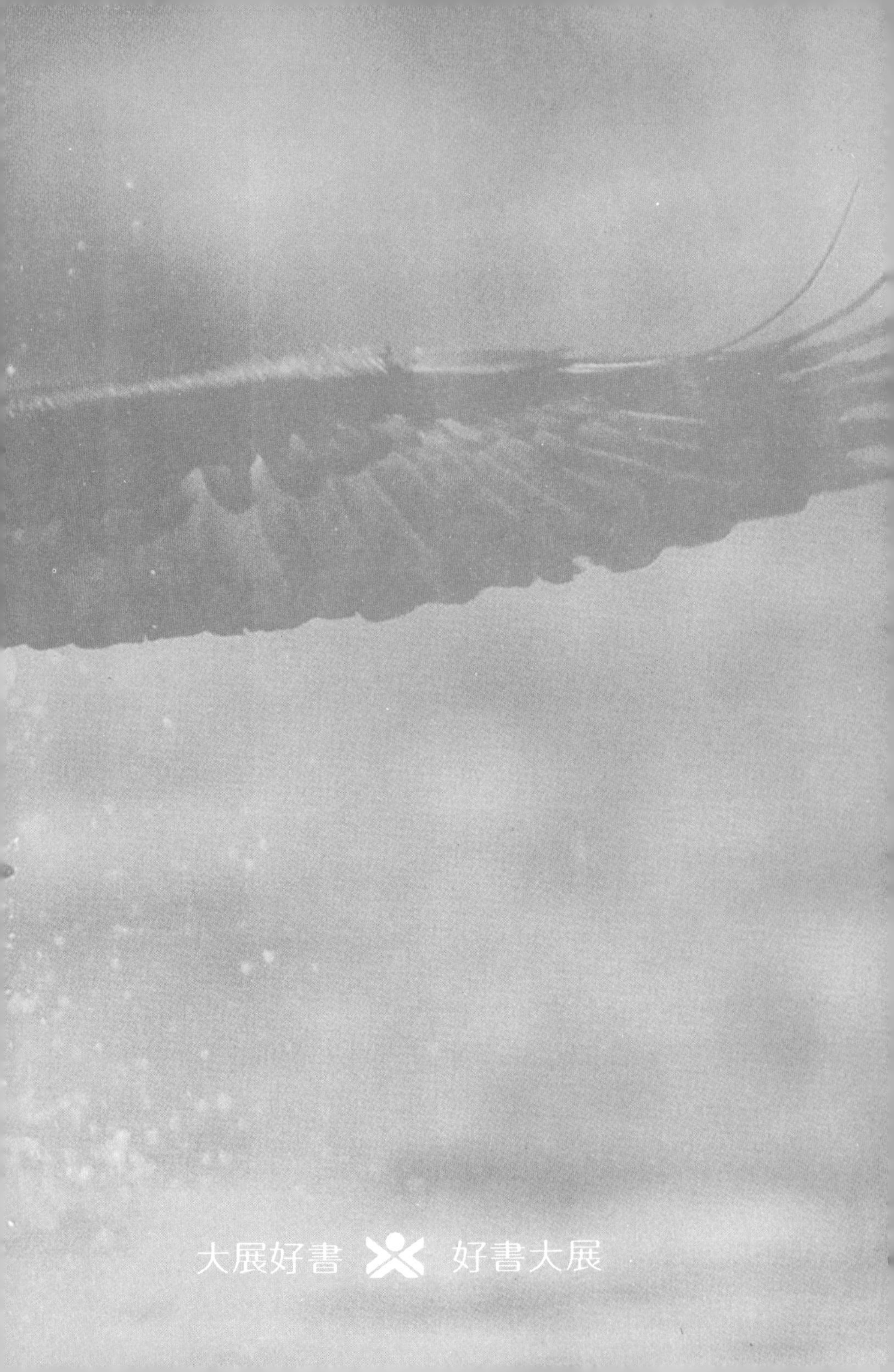
大展好書 好書大展

大展好書 好書大展

社會人智囊

55

如何使對方說 YES

程羲／編著

大展出版社有限公司

序文

很多商業界人士最大的心願，就是希望具有優秀的說服能力，藉此操縱支配他人，按照自己的意志來做事；或假如碰上麻煩時，能說服對方幫助自己；在工作場所中，能說服別人接受自己的企劃；這不是很棒的事嗎？

但說服力並非與生俱來的，想要具有良好的說服能力是需要經過不斷磨鍊的。

有時和別人溝通時，總是無法非常完盡的表達自己的想法；甚至希望別人能按照自己的意思做某事時，對方卻不願聽你的指揮。這時該怎麼辦呢？

有的人會說道：

「只要心存誠意，就可以說服別人！」

「說服不重技巧，重在心誠。」

這樣講並沒有錯，想說服別人確實需要誠心誠意才可以。但若以為只須具備誠意，那未免太自不量力，天底下沒有白吃的午餐！

在目前這個現實社會中，和他人溝通是相當重要的。溝通時的誠意固然重要，傳達思想的方法與技巧亦是不可或缺的要件。在磨鍊說話技巧時，最重要的原則是不可耍小手段，或用心機害人，唯有心誠才具有說服別人的吸引力。

筆者在本書中，針對一般企業工商活動中常可遇見的各種情形，做一個徹底的分析與平易的解說，希望讀者在看完本書後，能有所獲益。

本書避免採用艱澀的理論，因為很多理論無法運用到實際的情況。想具體的學會說服別人，進而支配別人的方法，對於自己的事業將有很大的幫助。

在工作的環境裡，遇到複雜而麻煩的狀況該如何應付並說服別人，得到別人的支助?本書會告訴你方法。

企業人員想透過工作實現自我，若能握有說服別人、操縱部屬的能力，前途將不可限量。

目次

第二章　讓對方非答應不可的說服技巧

第三章 根據對方的態度來說服的秘訣

第四章　以T・P・O來說服的方法

第五章　事例研究——「此時」，該如何順利說服

序論——強者精通說服術

●強者的條件

公司到底是怎樣的一個地方？真抱歉！容我先提出這種基本的質問。

我想公司正是人與工作碰頭的場所，換言之，公司是提供人們工作的環境。公司就是工作的所在，所以工作能力強的，會受到別人的崇敬與歡迎。

現代人的共識是，工作、家庭生活、娛樂等三項，在日常生活中要予以平衡，不可偏於工作或某一方。現代人都是透過工作與社會相連結，藉由工作實現自我。對一個強者而言，他寄情於工作，工作就是他的人生，藉著工作來自我突破，更希望獲得周遭人們的肯定。

所謂「工作能力強」的條件，究竟是什麼呢？

這個問題的答案，應視各人所處環境的立場之不同，而有不同的定義。

假如你是剛進入公司不久的人員，所有的工作都是上級指派，這時只要能將上司指示的工作切實完成，你就已經算是能力強了。

經過一、二年，你和公司的同行彼此都很熟識，也對自己的工作範圍駕輕就熟時，千萬不要就此滿足，永遠停留在這個程度，應該將自己對工作上的意見向上司提出，充分表現你的積極心。這時的你，一定為周遭的人們所欣賞。

又過了幾年，你的工作能力已經進入成熟的階段，精通你工作範圍內的所有業務，同時根據公司的目標與方針自擬企劃，並嚴格施行。這時候你的工作能力已被看好。

等到你已具有升任主管的能力與資格時，你必須更進一步對工作範圍內的業務具專業性水準。此外，不但要精通自己工作範圍內的一切業務，對其他相關的部門或單位的工作性質，也應有一通盤的了解，這種能力稱之為「構想力」。並且對於上司、同事、後輩的事，都應自動自發熱心的幫助他們，培養帶動部屬工作的能力。

到了這個階段，你隨時都要具備代理上司任務的能力。如果自己平時不加以培養，學到用時方恨少，則將前功盡棄，無法擔任最高決策者。

以上所述，就是成為工作能力強者的必經之路，也是別人肯定你的標準。

●不能以做「幫辦」為榮

前面所講的，都是各個工作階段用來評量工作力強者的標準。我現在再精簡的做一個總整理。身為一個工作能力強者，須有以下條件：

①精通工作的內容。

②具有優秀的企劃力。

③在工作業務的領導範圍內，領導部屬徹底執行企劃案。

以上所提的三項要點，是現代人想成為一能力強者的必要條件，第三點尤其特別重要。

有時，常可在辦公室發現一些屬於「幫辦」型的人物。他們進公司已有好幾年，對工作內容皆相當熟練，和同事非常熟稔。他們所表現出來的熱心，常使得同事們說：「這事幫我處理，拜託！」或「幫我一下，謝謝！……」四處受人拜託，顯得很有人緣、很有成就感的樣子。

若從另一個角度來看，這種熱心型的幫辦容易因這點小小的成就感，而在不知不覺中裹足不前，使得自己的程度無法再提升。

當然，我並不是說熱心的指導與幫助別人，以致成為一個幫辦是不好的事情。若要別人對你打從心底拍手叫好，一定要從自己做起，努力往上爬，否則不進則退。

●開拓視野，培養說服力

為了在工作有所成就，進而達到成功的階段，我們必需培養二種能力。

一是將眼光放遠，注意關心周遭的事務。除了把握自己的工作之外，還要有掌握其他相關工作的能力，亦即拓展視野的寬度。

二是支配周遭的事務，以便隨時獲得別人的協助與支持，這就是說服的能力。

將自己的觸角伸入各處並拓展視野。當你再反觀自己現在的工作狀況時，你可能會產生不滿，開始產生再求進步與提升的期盼。進而，你就會想多嚐試，多接受一些挑戰。

一旦將自己的程度提升之後，就會更進一步地想和其他部門合作，希望能掌握整個公司的業務……。當你有此自我成長的雄心時，必然會有更多意想不到的收穫。

光說不練，既然已經知道邁向成功之路，若不親自去走一遭還是不管用的。突破現狀並非只是偶而想想就好，還要起而行。有一些年輕的員工可能會有如下的反應。

「唉啊！叫我去說服別人？我怎麼做得到！我大概會先被別人說服吧！」

聽到這種話實在令人感到很遺憾，我已經可以知道為什麼他總是在工作上採被動姿態的原因。不要老是把事情想得那麼複雜，在工作上一想到任何可以向上司報告的企劃或意見，就主動的去做吧。按照自己的意志與計劃的方向進行下去，才有辦法取得別人的信任，並獲得對工作的自我實現。

若想要不斷地提升自我，就要積極的參與四周圍的活動，培養支配別人的說服力。唯有精通說服的方法，才能在人際關係與事業上一展鴻圖。

●命令有其尺度

當你已經升為主管階級，並且要領導許多的部屬，這時你是不是具有說服力，成為最切實際的問題。上司要將工作分配給部屬去執行，透過部屬一起去完成工作。乍聽之下，似乎不是一件難事，實際做起來可就不簡單了！

假如上司率直地要求部屬按照自己的心意去做，恐怕少有部屬會聽從。常說：「按照我的指示去做。」以此要求部屬完全服從，或經常頤指氣使的命令部屬，不久之後，可能再沒有人願意聽從指揮了，甚至只是表面服從「是！是！是！」成了虛偽的應聲蟲。當一位主管的身邊圍繞的都是這類庸才時，整體的工作可能就難以進行。

命令是有其限度，當你發號施令時，請注意：

- 不可意氣用事，要以如何有效的達成組織目標為目的。
- 常對員工發號施令的結果是，一切後果由自己負責。

當我們了解命令的限度之後，就知道說服力的重要性。請善用說服的力量，領導部屬一起完成與實現工作的目標。

●做個部屬可依靠的上司

「說服力」的運用，並不只是針對部屬。

身為一個主管階級的人員，有時就達成公司目標、爭取業績而言，無疑是站在向上司負責的立場上。當上司的命令有令人不服的時候，就必須用說服的方法推翻他的命令，或提出提高業績的新方法與計劃，動搖上司的初衷，此時就需要有良好的說服力才行。

「我們的課長很值得信賴！公司要是有不合理的命令或要求，課長都會去和總經理或副理交涉與協商，甚至把對方說服。」能被部屬如此稱讚，即是一個相當成功的主管。

有時，對上司說服不成，就必須反過來說服自己的部屬，試圖安撫部屬。

以身為主管人員的立場，常需要和其他部屬與其他單位接洽公事或協調業務，這是相當重要的工作。在此，應以事前做好人際關係為中心，這就是「事先的說服力」，當做好這層關係時，前往接洽公事就可得心應手了。身為一個需領導部屬的主管人員，「說服力」是不可或缺的一環。

●「說服力」影響交涉結果

「說服力」是業者面對客戶交涉時，企圖影響對方行動的能力。一旦被上司指派業務，到客戶那裡做推銷的活動，那真可說，每天都在不斷的重複去說服他人。

這種對公司外之客戶的說服，與對公司內的情形大不相同。企圖去說服公司外的客戶時，最重要的就是要有果決的能力與膽量，缺乏這種大氣魄是不行的。此外，還要時常站在客戶的立場替對方說話，以誠懇的態度贏取對方的信任，然後才繼續將自己的看法推而進之，以便說服對方。

由此可知，在企業人員的環境裡，不論任何一項工作或任務，沒有不需要去說服別人的。想在商場上立不敗之地，並積極的拓展業務，就不得不重視「說服力」的重要。

面對上司、同事、部屬、有關工作單位及往來的客戶，該如何有效的達到說服？說服能力的優劣，確實對工作目標的達成具有舉足輕重的影響，甚至可說是決定成功與否的要件。如何培養「說服力」？如何讓對方同意自己的建議？以下各章節即以每天都可能面對的問題為例，加以分析與說明。

第一章● 成功的說話原則

1●同意+行動=說服

◇◇先獲得對方的「同意」

「說服力」是和對方交涉時，讓對方產生行動的一種作用，但其前提則是先獲得對方的「同意」和「了解」。所以想說服他人，第一要務就是先獲得對方的「同意」。

例如：你想變更公司某項施行已久的政策，改採行自己計劃的新方法。因此你開始向科長採說服攻勢，而上司偏就不輕易答應，並且反對的說著：

「過去的制度還是有很好的地方啊！況且突然施行新的方法，可能會產生混亂的局面！」

科長雖然這麼說，但你還是不斷的游說：

「……用我的新方法來施行，可以大大縮短不必要的時間，而且………。」

你不斷地說明新方法的優點，再三的向科長建議，但科長總是以各種理由推拒，不願接納你的新方法。此時，關鍵在那裡？分析的結果是你沒有先獲得「同意」的步驟，所以屢戰屢敗！

在說服別人的過程中，只是一味的陳述自己的主張，根本無法獲得對方的肯定，因為對方也有他的想法。儘管你自認為所提的方案非常好，應該馬上施行，但對方可不這麼認為！你認為必須對外擴展業務、爭取客戶，但上司卻以守成不易，維持現狀為宗旨；雙方都是站在自己的立場不替別人設想，形成拉鋸戰，最後終必是權威高的一方使對方屈服。

◇◇獲得對方同意的步驟

〈第一步驟〉先了解對方的想法與憑據

想要獲得對方的同意，第一步就是要設法先了解對方的想法與憑據來源。

以前面所舉的例子而言，你可以改變角度說：

「對於商品的銷路，我想把過去的方法稍微改變一下，這樣的做法，不知科長您意下如何？」用這種語句來提醒上司，邀請上司進入你的計劃中。

曾經有一位很優秀的業務人員這麼說：

「假如客戶很會說話，那麼我已有希望成功的說服對方，因對方已講了七成話，而我們只要說三成話就好了！」

事實上，有很多人為了要說服對方，就精神十足拼命地說，說完了七成話，企圖說服對方，只留下三成讓客戶「反駁」。這樣如何能順利圓滿的說服對方？所以，應儘量將原本說話的立場改變成聽話的角色，去了解對方的想法、意見，以及其想法的來源或憑據，這才是最重要的。

〈第二步驟〉實施對應的策略

一旦已經了解對方的想法與立場時，接下來所要做的，就是如何對應與處理，這是第二步。

例如，當你感覺到對方仍對他原本的想法抱持不捨的態度，其原因是尙有可取之處；所以他反對你的新提議，此時最好的辦法，就是先接受他的想法，甚至先站在對方的立場發言。

「我也覺得過去的做法還是有可取之處，確實令人難以捨棄。」先接受對方的立場，說出對方想講的話。

為什麼呢？因為當一個人的想法遭別人一無是處的否決時，極可能為了維持尊嚴或嚥不下這口氣。反而變得更倔強的堅持己見，排拒反對者的新建議。若說服別人淪落到這地步，成功的希望就不大了。

曾經有一個實例，某家庭電器公司的推銷員挨家挨戶推銷洗衣機，當他到一戶人家裡，看見這戶人家的太太正在用洗衣機洗衣服，就忙說：

「唉啊！這台洗衣機太舊了，用舊洗衣機是很浪費時間的，太太，該換新的啦……。」

結果，不等這位推銷員說完，這位太太馬上產生反感駁斥地說道：

「你在說什麼啊！這台洗衣機很耐用的，到現在都沒有故障，新的也不見得能好到那裡去，我才不要換呢！」

經過幾天之後，又有一名推銷員來拜訪。他說：

「這是令人懷念的舊型洗衣機，因為很耐用，所以對太太們有很大的幫助。」

這位推銷員先站在太太的立場，說出她心裡想的事，使得這位太太非常高興，於是她說：

「是啊！這倒是真的！我家這部洗衣機確實已經用了很久，是太舊了點，我倒想換台新的洗衣機！」

於是推銷員馬上拿出洗衣機的宣傳小册子，提供她做參考。

這種推銷說服技巧，確實大有幫助，因為這位太太已被動搖而產生購買新洗衣機的決心。至於推銷員是否能說服成功，無疑是可以肯定的，只不過是時間長短的問題罷了。

我要說明的是，善於觀察與利用對方微妙心理的人，是幫助自己提出意見並說服別人的要素。現在，我們以前面所提科長的例子加以分析說明。

假如當時你先接受科長的想法與意見，情況可能就完全改變。你可以說：

「的確，舊的制度正如你說的，有其難以捨棄的優點，這點我也知道。」

說不定科長聽到你這番善解人意的話，也會開始試著接納你的建議。假如上司反對的最主要原因，是擔心突然實施新制度會一時不適應而造成混亂，你就應該事先設想一套防止混亂的方法，當科長提出時可以應對，這不就安定了科長的憂懼了嗎？

一般說來，被說服者感到憂慮的問題所在，最主要是怕「同意」之後，會不會發生意想不到的後果；而且科長在被你說服的同時，也一定憂慮一旦導入新的制度，會不會發生種種問題，而必須承擔全部責任？假若你能洞悉上司心理癥結，並加以防備，科長還有不答應的理由嗎？

至於令對方感到不安或憂慮的一些問題，要事先想好解決之道，以及說明的方法，一旦對方提出問題時，可以馬上說明。如果，你的準備不夠充分，向科長說明時不夠清楚模稜兩可，反而會使科長感到不安。所以，你應事先預想一些對方可能考慮的問題，此外，還應準備充分的資料，提供科長可對其上級報告，利他也利己，這是相當重要的。

〈第三步驟〉讓對方充分了解說服的內容

第三步驟是將說服內容讓對方澈底的了解。

有時，雖然有滿腹企劃，但在向對方說明時，對方無法完全了解其內容，他可能馬上加以否定。另外還有一種情形是，對方不知我們說什麼，卻已先採拒絕的姿態，明白表現一副不會被說服的模樣；或者眼光短窄，不聽我們說服者亦大有人在。如果遇到以上幾種情形，一定要耐心的一項項按順序的加以說明，務求對方了解我們的衷心旨意，這是說服此種人要先解決的問題。

對於前面所提第一種情形，即不能完全了解我們說服的內容者，千萬不可意氣用事，必須把自己新建議中的重要性及其優點，一下打入他的心中，讓他確實明白。舉一個例子加以說明，假如你前往說服別人，第一次不被接受時，千萬不可意氣用事的說：

「講也是白講！」

「講也講不通啦！浪費唇舌。」

一次說服不成就打退堂鼓，這樣子是永遠沒有辦法說服成功的，更無法成為一優秀的企業人才。前面所提的步驟，應善加利用與學習，有助於說服力的增加。

◇各種型式的「同意」

企圖說服他人時，對方可能一直表示「同意」，但「同意」有很多的意思，絕對不是那麼單純。對方沒有親口同意，不要以為就是說服失敗；同樣的道理，也不要單純的以為對方說好就是圓滿成功。如果無法確實了解對方心理真正的想法，「說服」一定失敗。所以，對方的「同意」是代表很多意思的。

當然，對方被我們說服時，表現出的也不全都是歡喜愉快的場面。以下，即分析對方「同意」的各種類型及其真正意義：

●應付場面型的「同意」

對方表面看來，似乎非常樂意的「同意」你的建議，你可能馬上會滿心歡喜的以為說服成功。實際上，對方只是採迂迴的戰術來拒絕，他心理真正的意思是：「不願再和你談下去了，快走吧！」雖然一直地說：「好！好！……。」一副儼然已同意的樣子。

千萬別被其表面的慈善給騙了！只要仔細地觀察對方，必然可以發現破綻。例如表情不太正經或語調不自然等，從細微處可感覺得出來。

極容易就表示被說服進而同意的人，千萬不得大意，應該費點心思，仔細體察對方真正的心意。

●隨便型的「同意」

有的人則是你才提出企劃，也不問個仔細便不加思索地隨即表示同意。像這種情形，對方很可能在最後的緊要關頭，因怕負責而不敢處理，又一口地否決掉不可不留意。

有的人個性內向，無法當面表示否決之意，於是以拖延的方式答應下來，心裡卻想：「到時再拒絕好了！」持有這種想法而暫時答應的人，大有人在。

說服別人之時，並非對方嘴上說好就表示已達成目的，態度也可以因此而鬆懈下來。應在對方一口答應之後，馬上想到往後實行階段的問題上，甚至繼續推展下去。

●抵抗型的「答應」

「這樣可以了吧！」當部屬以極差而且冷漠的語氣回答時，表面上已經服從，但打從心底卻是反抗之意。

「我做就是了嘛！」部屬說著。

無疑表示上司可能囉嗦過度，導致部屬不耐煩而產生自怨自艾的回答。所以，要求部屬或晚輩做事，若用命令型的強硬施壓，其結果就會有如上的反應。表面答應，心裡卻不甚歡愉。因為部屬或晚輩並不是真正的被說服，非心甘情願的服從，更非出於自願，完全是基於命令迫不得已的。

有時上司被部屬說得不耐煩時，說道：

「喜歡做，你就去做吧！」

「想怎麼做，你自己去決定吧！」

聽起來上司似乎已應允，實際上確是責備部屬太任性的意思，必須特別注意以上所舉的幾個類型與例子，要千萬的小心，若誤以為真，最後卻被扯後腿，可就欲哭無淚了。所以在企圖說服對方時，一定要經常自我反省是否做的或說得太過分，或態度太強硬……

假如已經發生不愉快的場面，就應馬上率直的道歉，並說道：

「我太過分認真，只顧講自己認為對的事，只考慮到我所提的問題，完全沒有設身處地為你著想，實在對不起，如有不對的地方請指正。」道歉的同時，還應表現出一付極需對方支援的誠心與態度，也許對方會改變他的心意，反過來協助也說不定。

●含有「答應」意思的否定

另一種情形是，對方嘴裡說出的儘是挑剔的話，聽起來好像是否定的意思，但體察其意，卻發覺話中蘊藏「答應」之意。

「那樣是不行的！」

「糟糕了！糟糕了！」

對方雖然這樣說，但在語調、表情上，均無反對的意思。表面是否定，實際上卻是肯定的。

人類的語言確實很微妙，同樣的語句，因聲調、表情、動作的不同，可能產生好多種不同的意思。像上述的例子，對方表面所講的語句是負面的，但內心可能已被說服了。

所以，聽別人講話時，必須聽進對方的內心世界，聽其言語、觀其表情，考其前後關係……等。真正了解對方內心的想法，是說服人所必須學會的法寶。

倘若既不屬於答應的回答，也不屬於否定的表白之狀況時，對方往往會先表示「否定」。為什麼呢？因對方希望能得到更多的資料，再加以考慮，所以才先表現否定的態度。

「我有一點事情想拜託您！」

「什麼事？」

以上是經常聽到的對話，被要求的一方總是先產生戒心的回答。上述那類先採否定的人們，也是同樣的心理。假若我們能堅定信心，不斷嚐試去說服他們，不久就會得到他們的首肯。

另有一種人，他們不會輕易的表示答應與否，屬於謹慎型的。此類型的人責任感很強，事先會很嚴格的提出問題點，因此常給人不好說服，容易傾向否定別人的感覺。

不過，對這類型的人還是有方法應付的：

- 換另一個角度說明。
- 提出另一條件。

‧仔細聆聽對方反對的地方，然後率直的說出自己的意見。輪流用以上三種方法，久之，彼此就會找出共通點，進而使對方改變心意欣然答應。對這類型的人，千萬不要一遇挫折就馬上退縮。

不論對方一開始時表示肯定或是否定，只要仔細傾聽與觀察，努力了解對方講話時的背後動機，針對其動機，加以對症下藥，即可成功的說服對方。

洞悉對方背後真正動機，是說服別人的要項之一。

◇◇獲得對方「同意」之後趕緊「行動」

獲得對方的同意之後，不要以為已說服成功而自滿，前面提過，語言上的同意並不代表行動的支持。「說服」就是要動搖對方的意志，進而左右他的行動，使對方能配合我們的要求，這才算是成功的說服對方。

「知道！我能了解你的意思。」

常有人嘴上這麼說著，卻一再地拖延不採取行動。「同意」與「行動」之間往往有一段距離，想要說服別人者，最好心理上能有此一認知。

為何對方已經表示「同意」了，卻遲遲不付諸行動，理由何在？

對方表面上雖已接納我們的意見，卻故意延遲行動，時間一久，對方可能就狡猾的淡化此事，我們說服了半天，結果等於零。不過，還是有辦法對付這種人的。

一旦知道對方是屬於延遲型者，最好的應付之道就是要求對方在某個「限期」之內，嚴格的執行某事。否則，徒增對方的笑柄、為其所輕視，不得不注意。記住！一定要嚴格地要求對方。

另一種人拖延付諸行動的原因則是怕麻煩。人都有惰性，許多事情總是到沒辦法再拖，不得已才強廹自己做某事。

這時你可以說：

「再繼續拖延下去，只會增加你的麻煩。」或：

「A先生和B先生都已經開始做了！」

曉以利害關係或與別人比較，故意刺激對方，使其興起馬上開始行動的衝勁。

還有一些人，明知此行動的目的與道理何在，但心理就是無名的抵抗著，無法產生幹勁來行動。此時你要設法了解他們內心的想法，深入他們的內心世界，以對方的立場來激發他們。

最後，切記不要以獲得對方的「同意」就心滿意足，唯有促使對方付諸行動才算說服成功。

所以，除表面說服對方同意之外，推動對方付諸行動，也是說服者的任務，不可忽略。

2● 教條無法促使對方付諸行動

◇◇「原來是這樣！」——曉以大義，促其付諸行動

我們反身看看自己就不難明白，人們常因對某事霍然頓悟之後，就自動自發的服從別人的說法。

「原來是這樣！」

要說服別人，卻沒有開宗明義地讓對方明白最重要的原因，對方如何輕易的「同意」並進而付諸「行動」呢？所以，說服他人時，要一開始就讓他們了解事情真相：「哦！原來是這樣！」讓對方了解我們說服他接受的是一件極有道理的事。

既然要說服別人，就應將自己的理由，依據與其重要性，有條不紊的告訴對方。假如連自己都不知所云，對方當然會心生懷疑，根本不會再聽我們的任何解說。

有一位態度嚴厲的上司，在聽過部屬的企劃報告後，若有一絲的不滿，或覺得其報告不得要

領，馬上就會要求其部屬重新來過：

「重講！」

很多部屬都是鼓起勇氣的再進去向這位上司報告，但仍是再三的被上司打回票，有些部屬因此心生畏懼，不敢再去了。但仍有好幾個部屬耐心的繼續接受這項考驗。不久，終於獲得上司的同意，將企劃付之實行。

我們或許沒有如此嚴厲的上司，但還是要自我要求，以下各項要切實做到。

▼扼要的向對方解說。

▼向對方說明基於何種需要，因此要求其同意某事。

▼同意並付諸行動後，其優點何在？其缺點何在？

▼付諸行動之方法為何？

常常讓自己針對以上四點，不斷的自我要求與練習。一旦你在說服別人時，很自然地包括上述的內容，即表示你已經培養出讓對方感到「原來是這樣！」的能力了。

工作場所是忙碌而匆忙的地方，不能有效而具體的陳述自己的理由，對方也缺乏耐心聽完，所以說服往往無法成功。

雖然如此，若連最基本的理由都不講，一開始就要求別人同意，即使你有再好的說服力也不管用。你是否碰到過這樣的情形？上司到了快下班時，才對部屬或晚輩職員說道：

「今天晚上請你加班！」

「什麼？今天晚上？今晚我有事啊！」職員說。

「請你想辦法推掉其他的事吧！」

「不行，我一星期前就和朋友約好了！沒有辦法啦！」

「真糟糕！無論如何都不能來加班？」

「是！」

「我這樣低聲下氣的拜託你也不行？」

「你這樣講，我……。」

上司用這種方法要求職員加班，不僅雙方鬧得不愉快，彼此都留下不好的印象，同時也破壞情誼，這不是事倍功半不划算嗎？上司由於打一開始沒有說明理由，直接了當的就要求部屬加班，而且還是到快下班才說，因此遭部屬拒絕是意料中的事。

假如換個方式來講，效果可能就不一樣了。

「咦？你今天下班有沒有約會？」上司問。

「有，我和朋友約今晚見面，請問有什麼事？」

「是關於明天業務會議時要報告的事項……。」

「啊！那件事很重要，無論如何一定要通過，我希望它會通過。」

「我也是這麼想，我一定要說服經理，但經理要我們提供所有的資料，可是臨時要找齊這些資料是相當麻煩的。所以，想下班之後耽誤你一點時間，不知道可不可以！」

「要多久時間？」

「只要一小時，但你已和朋友約好了……。」

「是啊！不過這件事情比較重要，而且只要加一小時，我打電話給朋友，延後一小時見面好了！」

「啊！謝謝！真對不起啊！」

如此一來，這位上司無疑是成功的說服部屬晚上留下來加班，而且部屬還是心甘情願的呢！為什麼會這樣呢？因為上司要求部屬加班的理由很充足，也明白的表示出來，所以部屬心裡已有：「哦！原來是這樣！」的頓解，當然願意將約會延後，傾全力相助。

也難怪第一個例子中的說服會失敗，那位上司第一句話就是要求人家加班，馬上就讓人起反感；再者是沒有將加班的理由講明白，使得部屬無法心服。也許上司心想：

「我要求部屬加班是理所當然的事……。」上司認為不必多言，部屬即應知道加班的原因，甚或認為部屬應無條件遵從命令！所以，省略說明理由的階段，這種自以為對方應知道理由的想法，常使說服增加許多困難。

◇◇精明能幹者為何獨缺說服力

有的人頭腦清晰、條理分明、工作能力強、著眼點更好……集精明能幹於一身，這種精明能幹者，應該具有最佳說服力吧！

出乎意料之外，有一些集各種才幹於一身的人，獨獨就是不知如何去說服別人，和別人交涉遇到問題或困難時，反而變得不知該如何說服對方。他們自我分析的結果是：

「我有把握說服對方，但是沒能加把勁促使對方付諸行動，我很清楚，但就是做得不夠。」

說服別人的時候，必須將整套說服的內容邏輯化，使對方找不出破綻，這是相當不容易的。可是，真的講得滿篇大道理，就可以成功的說服對方嗎？不一定！並非如此就能順利的說服對方，這正是困難所在。

為什麼？說服的內容很完整、符合邏輯推理又滿篇大道理，為何反遭到失敗？其原因大致如下：

因說服的內容太過完善，致使對方毫無立足之地，過份逼迫對方，讓對方無路可退，在這種情況之下，對方當然極可能惱羞成怒，終至說服失敗。所以，和他人交涉某事、欲說服對方時，不可咄咄逼人，一旦對方捨理性而意氣用事，那一切都徒勞無功了！

人類是有理性的動物，也是富感情的動物，一旦失去理性就容易感情衝動，那裡還管得了真理何在？所以，企圖說服別人的同時，若完全以理性的態度來處理，忽略人類先天的情感因素，勢必影響說服的過程，甚至遭到失敗。記住！理性的同時，不忘動之以情。

不過，完全動之以情而省略理性的處理事物反倒成功的情形也有。例如：

某生產工廠的現場，曾發生一件情感比理性更有效的「說服」實例。某天，老板到工廠巡視，突然向組長說：

「站在那機器旁的年輕人，是你的部屬嗎？」

「是的。」組長回答。

「頭髮留那麼長，看起來髒髒的，叫他去剪剪吧！」

組長等老板走後，就叫那位年輕人過來，並說：

「你的長頭髮有辦法整理嗎？太髒了！」

年輕人一聽，馬上很不服氣的說：

「我三天洗一次頭，一點都不髒。」

「但是看起來不雅觀！男不男女不女的。」

「組長！最近正流行這種髮型！你不知道嗎？」

被年輕人反駁不懂流行的組長，一下子火冒三丈的指責年輕人：

「不要說廢話！要你剪！你就給我剪！老板都這麼說了。」

第二天，年輕人來上班，頭髮依舊很長，根本沒有剪。到了下午，老板又到工廠巡視，這時組長滿臉驚慌的對年輕人說：

「喂！快！快！快躲起來。」

組長緊張的樣子，就像電視上的鬧劇一樣滑稽，使得躲在機器後的年輕人突然感到不安，心想不應該給組長製造難堪；回家之後，他就馬上把頭髮剪短。

組長說服年輕人剪頭髮了嗎？沒有，倒是無意中動之以情的情況下，「說服」部屬的「心」。

身為一位主管，確實有許多事要交待部屬，站在領導者的立場，部屬有任何缺失都應毫無隱瞞的指正，即使明知沒多大用處，仍是非指正部屬不可。如同前述的那位組長，他必須叫年輕人剪短頭髮，但以理相逼反而產生不了效果，倒是不知不覺中出自情感的行為，動搖年輕人的心，使其心甘情願的去剪髮。

從現在開始，除平常所重視的說服內容要完備之外，更需注意下列幾項：

▼自然流露內心的感情。

▼說出自己內心真正的想法。

▼與對方交談，應以真心相待。

只要隨時注意自己是否做到以上幾點，當你碰到不易說服的人，我想也會在聽完你真心的表白後，產生：「原來是這樣！」的感受，並進而開始付諸行動。

◇◇使對方改變心情

人們都有心情焦躁、苦悶的時候。為什麼我們常會無名的情緒不佳？沒有理由，就是心情不好、不快樂，導致連工作都缺乏幹勁。

「人們常有許多莫名其妙的行為，總要到事後才有辦法解釋其原因，可能有許多複雜的遠因、近因？所以，很少有人能確定自己情緒不佳的原因。」

大文豪杜斯托也夫斯基曾這麼寫過，他認為人對自己的感情、行為，往往無法用一合乎邏輯的理由來解釋其原因，甚至連自己也不知其所以然。

情緒不好時，常有人會問：

「什麼原因？」

「發生了什麼事？」

當別人追究原因時，連自己都會說不出所以然。即使囉嗦的抱怨一堆事，對方也未必能完全了解；即使瞭解，對方也無法分擔你情緒上的煩惱。更何況我們連自己為什麼煩悶都不知道！

有人為了不辜負別人的關心，於是隨便想個理由來做說明。

不料對方反而責罵的說：

「原來是這樣！所以你現在才會心緒不寧，這樣不好，只會使你自己失去幹勁，工作時應該……。」

如此一來，不但情緒沒有好轉，反而被罵了一頓。隨便編的理由與實際的心情相去甚遠，對方好心的慰問，反倒惹得自己要更進一步的應付。

同理，假如你要說服的對象顯出心情不佳的樣子，你若一味闡述大道理而棄對方情感於不顧，必然無法讓對方順從。

假如碰到對方心情不佳的情況，可以試試下列的辦法：

▼為轉變對方心情，邀請他一起去喝一杯。

▼和對方做較無關的雜談。

▼表現很有誠意的樣子，注意傾聽對方的談話。

試著這樣做，比較能有效的改變對方不佳的心緒。

應該具備一個觀念，凡是有關人們心情思緒的事，光曉以大義，說一大篇的大道理是不管用的，最好是用心去關注對方，讓對方感動，如此說服就可望成功了。

3●成功的「說服」技巧

◇◇厭惡對方則亦被對方厭惡

有一位公司的資深同事王君，只要多做一點事，他就會抱怨不已：「啊！我忙得要死啦！」大剌剌的無理取鬧。公司一位新進人員黃先生，對王君的處事態度感到很厭惡，他認為王君也沒有做什麼事，卻表現出一副很大不了的樣子，真讓人看不過去。黃先生因為不喜觀王君的處事態度，所以只要一看見王君心裡就不痛快。

有一天，黃先生有事非找王君幫忙不可，所以只好硬著頭皮去拜託，結果正如黃先生心裡所想的：

「我很忙！沒時間！」王君完全不理會黃先生的請求，毫不留情的拒絕。

黃先生真是氣得沒話講。當晚，黃先生和另一位公司的老前輩一起到酒吧喝酒閑聊，並且抱怨起這件事。不料老前輩居然說：

「這件事情的問題在於你！」

「什麽？在於我！到底是怎麽回事？」黃先生驚訝的問著。

「他確實平日就喜歡誇張的嚷嚷，可是，你只看到他不好的這一面，至於他好的另一面，你卻全都未加以注意。

你應將二眼睜開，平常好好的觀察。世界上絕對沒有十全十美毫無缺點的人，當然，更不會有完全都一無是處的人啊！只要有這個認知，往後你對他的態度和厭惡的看法就會有所改變。

你現在表現出一副討厭他的模樣，對方當然打從心裡也會討厭你；他感覺得出你不善的態度，他如何會對你有好感？當你無事不登三寶殿的要求他幫忙時，他怎麽可能伸出援手呢？所以說問題在你，應首先改變你自己的看法才是。」

黃先生聽到老前輩這番話，覺得事情確實是如此，所以黃先生被老前輩說得啞口無言。第二天開始，黃先生改變他對王君的看法，不再拘泥於厭惡王君的缺點上。結果他同時發現王君還有許多其他的優點，黃先生就此拓展他的眼光視野。

所謂當局者迷，旁觀者淸，當自己目光如豆時，本身並不自知。

觀察別人的視野也是同樣的道理，當視野窄小，目光淺短時，只能看到某一小範圍的事物。一天到晚只看別人的缺點討厭此人、厭惡某事，卻不知道是由於自己的看法短窄淺顯。

有的主管總是嚴厲的批評部屬或晚輩，常對他們說：

「這樣做不行！」或對他們表示：

「那人不太好啊！」

假若主管們都能建立如下的想法，則很多事都將好轉：

「他們做得不好，都是我領導無方、督導不周，不是部屬們的錯！」

「這是你的優點！」

同時，如果身為主管者能隨時去發掘部屬們的優點，則自己的心情也會變得很好，心胸更為寬大。另一項有趣的改變是，當主管對部屬改變看法後，部屬們也會改變對主管的看法。

◇自己才是最大的敵人

「自己才是最大的敵人！」是棒球評論作家特林克野書中的名言。活躍於棒球界的全壘打王王貞治，也說過：

「天下最大的敵人，就是自己本身。」

此處所提的「敵人」一詞，應包括二種意義：

一是凡事姑息自己，即嚴以律人寬以待己的態度。

二是「我沒有辦法！我不行！」以自卑的態度否定自己的傾向。

敵人不多，除了自己之外！還有的人喜歡胡思亂想，反而給自己添麻煩，甚至演變成失望的情況。結果，不是給自己洩氣，就是意氣用事，自己變成自己最大的敵人，而且是最大的壞人！

儘量描繪出自己的優點

遇到困難或麻煩時，都應以平常心及客觀的態度來處理。其中，面對自己當屬天下最難的事！一方面對自己姑息而寬容；另一方面，又會對自己產生失望進而演變成煩惱，甚至開始厭棄自己、毫無自信心。

自認為是何種人，就會變成自己想像中的模樣。例如：

「我做什麼事都一定會失敗！我是一個沒有用的人。」

如果自己真這麼想，那麼可以肯定不論做什麼事，都會如所想的一般——不成功。

日本著名企業家松下幸之助先生，在面試應徵新職員時，相當注重應試者的自信心。

「我覺得我是一個運氣不佳的人。」

假如前來甄試者這麼說，一定不會被松下先生錄用。我想松下幸之助先生，一定也認為一個人的想法足以影響其行為。

人一生當中，必然會經歷許多失敗，當然也會經歷許多的成功。假如我們只對失敗的事耿耿於懷，將永遠逃不出失敗的窠臼。自己最大的敵人永遠是自己。

某知名雜誌社的業務經理主張要常鍛鍊自己並培養第六感，人生會因此而有所改變。他說：

「命運是一種偶然的事，但根據確實的統計，運氣好的人，終其一身常碰到許多好運的事；運氣不佳者，也是終其一生有『衰』運作伴。人世間確實是有如此大的個別差異。

好運、壞運，一半機率是偶然，一半則要由個人負責。有人曾針對時常獲好運者加以調查，發現運氣好的人其個性大都是屬於不拘泥於事物的類型。」

由這段話，我們可以知道，最大的敵人是會拘泥於事物的「自己」，也就是會拘泥於失敗經驗的自己。想要說服別人，最重要的是先說服自己。若在說服別人之前，就先憂慮自己是否有能力說服別人，必然無法順利達成目的。

到目前為止，我想大概全世界沒有一個人敢說，他說服別人從來沒有失敗過，至於在極重要的場合說服失敗，受到重大挫折者，更是大有人在；但無論如何，也不可說：

「我根本沒有說服別人的能力，我沒有自信。」

應該忘掉失敗的傷心，時常記起成功的經驗，並自我鼓勵：

「一定能說服對方的，總之一定有辦法。」

如此讓自己時常保持正面的經驗印象，有助於信念的提昇，更可能因此掌握說服別人的訣竅，將說服的技巧推上更高層次。

◇◇隨時注意臉上表情

某一天，有一位推銷員到我的辦公室來，他是屬於很會說話的人，但是他的態度不夠穩重，眼神也不安定，不時的左顧右盼。當我和他談話時，不由得想起一位汽車推銷員說的話：

「我剛從事推銷工作時，第一個月，一部汽車也賣不出去，無論我是到那裡都被人拒絕。最後，我感覺到似乎所有的客戶都不歡迎我。我開始沒有自信的想：

『我真那麼不行嗎？』

有一次，當我又被拒於門外後，垂頭喪氣的回公司，默默的坐在座位上；這時被一位主管看見，他對我說道：

『像你這種表情，車子怎麼賣得出去？』

主管這話，彷彿給我一記當頭棒喝，他並接著說道：

『你自己去照鏡子看看！』

當我面對鏡子，看見自己臉上的表情時，我真是忍不住的吃了一驚，就好像受了天大的委屈，又好像是正在懼怕什麼東西似的。

主管接著用充滿活力與自信的聲音告訴我：

『相信自己一定可以將車賣出去，你必須抬頭挺胸，精神奕奕的去拜訪客戶，車子一定賣得出去！』

第二天，我再度出發做銷售的工作，當我拜訪一家小工廠時，工廠的老板說：

『什麼？叫我買汽車？別開玩笑了！我現在這部汽車都快要故障了，還不知道該怎麼辦呢！』

「是！我們賣的汽車，就像霹靂車一樣。」

原本說話態度暴躁的工廠老板，一聽到我這樣回答，神情完全改變，和藹可親地對我說：

『請坐！』

無疑地就在此刻，我抓住了說服的秘訣，這是我賣出第一部車的情形。自此以後，只要遇到推銷不佳或心情低落的時候，我就會想起第一次將車賣出的狀況，心想『一定可以賣出去』的信念，來提高自我的士氣。」

公司裡的說服術也是一樣的，在態度上要表現出很有把握與自信的樣子。

欲說服別人時，講話的聲音要清晰宏亮，內容要明白清楚，說話的速度也不要太快，否則會給予他人慌張的感覺。另外，還要注意自己的視線，注視著對方的臉……。慢慢的一點一滴從身體語言開始，讓自己充滿說服別人的自信。

改變自己的態度，培養自信的意念，用自信去說服別人吧！

4●情報影響說服的效果

◇◇蒐集情報以增加說服的內容

我們常可在工作場所中，聽到如下的對話，如果是你遇到這樣的場面，你該如何說服對方？

「你坐的姿勢不正確，對身體不太好！」上司毫不保留的指責部屬。

「課長！這是我的習慣，這樣做事比較方便啊！」

「但是對身體不好啊！」

「為什麼不好？有根據嗎？」

「古時候的人不是常說，坐正則心正，為人處事才會堂堂正正，所以我們也應該保持端正的姿勢。」

「可是，課長！我這樣坐做事比較習慣。」

「………。」

坐姿不正確的確會影響身體的健康，這位課長希望部屬改正，但在解說時卻缺乏說服力，所以無法使對方改變原有的行為。

課長若能進一步做如下的解說，相信效果更好：

如果能時常注意並保持端正的坐姿，對身體才不會有壓力，否則壓迫到內臟，確實對身體健康有所影響！尤其是腸胃比較弱的人，大都是由於姿勢不正確。假如在辦公室裡的坐姿不端正，容易留給別人雜亂無章的感覺。

若能以前述二項理由來說服部屬，或許會被欣然接受：

「我知道了！謝謝您告訴我。」部屬不但遵從主管的指導，甚至還很感謝上司呢！

以上所舉的是常發生在我們周遭的實例。由此可見，若是要以想到什麼就說什麼的方式說服對方，獲得對方的同意，不僅相當困難，還是一種冒險。假如以為對方輕易就會同意你的看法，那未免太小看對方了。

既然要說服對方，就應多充實說服的內容，蒐集更多的情報，以增強自己說服對方的力量，這是相當重要的事。

◇◇廣泛蒐集相關情報

當你要向上司提出某計劃時，除了計劃本身的情報與資料要齊全之外，更應進一步廣泛蒐集與此計劃有關的資料，或類似此項計劃的情報等。如此一來，當上司質問時，你就可以正確無誤而自信的回答，進而獲取上司的贊同。

有一位部屬向上司提出開發新製品的構想，當他提出計劃時，上司說：

「嗯！著眼點很有趣，但你有沒有想到銷售的辦法？」

「銷售的辦法？這是推銷員或業務部門的工作啊！我沒有銷售計劃。」

「但是，假如無法預估銷售市場的大小，這對我們從生產計劃到上市等階段，會造成相當多的困難。」

假如該部屬對新製品的構想事先廣泛蒐集相關情報，一旦上司問及計劃以外的相關事情時，就不會啞口無言、一問三不知了。

所以，若希望上司同意我們的提議，就應該事先預想到上司可能會質問那些問題，加以充分準備，多多蒐集相關的情報與資料，充實「計劃」與「說服」的內容。

即使蒐集了相當多的情報，上司卻沒有質問，也沒有關係，蒐集的情報不會全無用處的，因為計劃一旦被上司所採用，這些情報與資料必能發揮作用。

◇◇勤於開口

在你上班的公司裡，你應對公司中的各種情報瞭若指掌。如同金字塔型一般，你的階層越高，就必須接收更多更重要的情報。所以，資深的員工應該比後到的職員知道較多的情報；職位較高的人，應該比職位低者握有更機密的情報。

不過，這完全視公司的情況而定，有的公司情報與資料的流通性較差。我認為不吝於提供別人資料，積極流通所得情報的作法有助於接收別人的情報。不過，這是相當不容易達成的。妨礙資訊的流通可能有兩種原因。

第一是不勤於開口。雖然自己已握有重要的資訊，但不發表或提供給別人的人相當多。事實上，並非他們不願提供別人資訊，而是過於疏忽大意，或是覺得麻煩，以致忘記轉達他們早已接收到的訊息。直到需要使用此一情報時，他們才記起來並將資訊提供別人，導致對方可能藉機加以反駁，產生如下的說辭：

「你現在才突然這樣講，使我很不方便。」

「我們有我們的難處啊！」

「你要是早點講，我可能會很樂意和你合作。」

有的人本來對此消息已有所知悉，但卻裝作不知：

「我第一次聽你這樣說。」

「我完全不知道啊！」

請記住，讓對方抓住反駁的機會，只會增加你說服的困難。所以，應該勤於提供別人資訊，並主動和別人交換情報，只要一逮到機會就提供最新資訊給對方：

「現在有一種情況………。」

「最近市場的動向，根據統計數字顯示………。」

「最近我們公司為了施行下一步驟………。」

應該為資訊交流多多努力，若偶而忘記提供對方情報時，對方會做善意的轉達。又，勤於提供別人資訊者，別人也會很樂意的彼此交流情報。因此，善於蒐集情報者，正是善於提供別人情報的人。

◇◇使情報共有化

阻礙資訊交流的第二個原因是人的獨占心理。除了以下所述的情況外，不應存有獨占情報的心態。

當你廣泛蒐集情報時，可能會陸續接收到許多重要而機密的情報，其中有一些是不可洩漏的事情，無論如何都不能對別人講。假如你口無遮攔，凡事都藏不住，則下次別人一看到你就避而遠之：

「不要告訴他，那人的嘴巴靠不住，不可信用。」

以後就再也無法獲得重要情報了。

至於較普通而非機密性的消息，甚至是需要流通的情報，卻也有人故意隱瞞與獨占。他們的心理是，自己知道的新情報，別人還不知道時，表示自己占了優勢。這種獨占資訊或是吝於提供別人情報的情形，會使別人有被輕視或矇騙的感覺，導致不高興而起反感。

碰到下列情況，該做何反應？

「生產現場情況如何？同事們有什麼反應？」當屬下前來質詢其計劃施行的結果。

「我也不知道，你自己去問問看。」

如此回答會讓部屬覺得你在故意吊他的胃口，心裡會不服氣。因此你不妨說：

「你問得好，表示你很關心這件事，其實生產現場的狀況是……。」以熱忱積極的態度將自己所知的情報毫不保留的告訴部屬，然後再接著說：

「不過，實施之後更詳細的情形以及現場的反應還需要進一步調查。」

「這樣嗎？假如可以的話，我去問他們看看，到現場實地去勘查。」

用誠摯的態度引發部屬的興趣，將原本不是工作範圍內的事，變成部屬們自己願意負責的工作，使身為上司的你與部屬的情報共有化，則公司的前途將大有可為。

使情報共有化，可增加團體的結合力量，若大家能互助合作共此一心，則上司想說服部屬做任何事，都是輕而易舉便可達成的。

積極的提供別人情報，會和別人產生情報共有的感情，進而形成彼此合作的默契。

5●激發對方的工作幹勁有助於說服的成功

◇◇引發工作慾的說服術

人是不太可能在全部的工作時間裡，都心無旁騖的認真工作，有的人甚至大半的時間都感到很無聊。假如我們對每天的工作都感到極為無聊，生活將會變得毫無意義與價值感。同樣的工作，若你能採不同的態度或不同的處理方法，原本枯燥無味的工作就會變得趣味盎然，所以工作的價值與是否有成就感，端看個人的處事態度與看法。

「像這麼無聊的工作，我根本不想做。」

假若碰到這種發牢騷的部屬或晚輩，應該如何說服他們，激發他們的工作慾望？

這是我以前的經驗——

我大學剛畢業時，第一個工作是在一家運輸公司的人事科，負責抄寫全公司員工的名字，舊有的名簿內有三千六百名員工的姓名，以及三千六百個年齡、職別地址等基本資料，並分別按所屬單位用鋼筆一筆一劃的寫著。對於這份重新抄寫名簿的工作，我當時的想法是：

「這種簡單不花腦筋的工作，我沒有興趣。」

我是一個大學畢業生，被公司以儲備幹部的名義所錄用，儘管當時初出茅蘆什麼都不懂，卻是一副心高氣傲的德性，甚至滿心以為：

「這種毫無價值的工作，讓我這個大學畢業生來做，未免太大材小用了吧！……。」

現在每每想起當初的想法，就會全身冒冷汗，因為我當時的態度是那麼自大，以心不甘情不願的心情來工作，實在是太不解世事了。

第二天下午，我還在抄寫名簿，突然有一位前輩走過來對我說：

「如何？工作有沒有什麼進展。」

「謝謝你的關照。」我緊接著問：

「想請教您一下，在人事科工作，有沒有什麼基本須知，或應學習什麼必備的知識。」

而這位前輩則回答道：

「人事科的工作，就是把三千六百名員工，在什麼單位、做什麼事弄清楚，若對公司員工的狀況不了解，那就什麼事也做不成了，抄寫名簿可使你腦中留下一些粗淺的印象……。」

「………。」

「事實上，任何事情都是一樣的，不好好認真的做，腦海就不會留下任何印象。」

他微笑的拍拍我的肩膀，對我說：

有興趣就會覺得工作有意思

「好好的做啊！」講完，前輩就回去他自己的座位。

我當時有種被前輩指正的感覺，很慚愧連工作的真正意義都不知道。

「哦！原來是這樣子。」

此後，我開始全神貫注地以熱忱的態度來抄寫名簿，突然之間，這一無聊的工作反倒產生許多樂趣。

我試著計算員工的平均年齡，有趣而意外的發現某單位的員工，平均年齡相當輕。據說此單位才剛剛設立，專門處理航空業務，正因工作人員皆年輕人，所以這個單位的員工皆顯得精神飽滿，工作士氣旺盛……。

類似以上的情況，只要凡事都能加把勁的做，必然可得到許多收穫及發現個中樂趣。充滿幹勁的抄寫著名單，就能概略的發現各部門工作的情形。

要說服覺得自己工作無聊的員工努力工作，唯有讓他們對工作產生興趣，才能使他們提起精神繼續工作。

◇◇明示整體工作價值以引起部屬的工作興趣

現在來談談引起部屬工作興趣的說服要訣：

第一點，讓部屬了解工作的意義。碰到前面所提之埋怨工作性質無聊的員工，最主要是他們視野窄小，無法洞悉整個工作意義。身為上司者，應設法讓部屬知曉整體的工作意義，同時也要讓他了解自己的工作與公司整體關係的重要。

克斯達夫・霍斯先生在其著作「給日本的父親」中，曾記載以下的故事。

「在巴黎聖母大聖堂的建築工地中，有三個人一起工作。其中一人精神渙散有氣無力的。問他工作的情形如何？他總是表現出一副厭惡與不耐的表情抱怨的說：

『我的工作是切石頭，我是為了餬口飯吃才來做的，要不然，像這種無聊的工作，我早就辭職不幹了！』

另一個工人的工作是鋸木材，對自己的工作也是牢騷滿腹，根本不關心木材鋸得如何，給人的臉色總是不好看。

而第三位工人的工作，和其他二個人的工作性質相較之下，才真是極度沒有意思，他只是搬運別人切好的石頭或木材。可是他卻時常吹口哨、唱歌，顯得非常愉快。和他一起工作的二位工人，都很詫異的問他：

『我們對這個工作討厭得要命，為什麼你做得這麼高興呢？』

『什麼？你們說這個工作很討厭，我們現在是在蓋聖母大教堂呀！這是意義非凡、很有價值的工作啊……。』第三位工人竟出人意外的這麼回答……。」

是啊！從整體的工作價值上來看，搬運的工作雖屬最低層的工作，但卻絕對不可或缺。職業無貴賤之分，公司中任何一項工作也是如此。

公司中的工作皆是分工而零碎，但集之大成則有其重大的價值與意義。善於說服部屬的上司，一定都是極了解上述的道理，並能巧妙地運用。

◇用「希望」說服對方

缺乏前瞻性的工作，其前途將暗淡無光，沒有人會想接下這種毫無前途的工作。

只圖眼前利益，卻毫無前瞻性的工作，可能滿足一時，但往後的發展則不得而知，暫時的滿足終將變成虛空。

用誇大不實的話誘拐別人是最下下之策。身為上司者對付喜好抱怨的員工，可以明確的提示未來的工作目標，安慰對方現在工作雖然艱辛，不過是暫時的，再過一年半載，公司將會有極大的轉機……。讓部屬知道目前的工作一旦完成，將有極大的成果與收穫，對未來充滿「希望」。人們一旦活在希望中，就會對現在不感興趣的工作，寄予無限的厚望，感到自己的工作有無上的價值。這是說服部屬安於工作的第二要訣。

例如，部屬在工作時無法提起精神，使得工作氣氛低迷，身為上司者可如下說道：

「的確！現在我們公司正處於低迷的狀態，沒有強而有力的新製品來提高知名度，造成推銷上的困難。但現在一定要繼續堅持下去，因設計的新製品已製造成功，明年將可打入市場，一定可以達成被搶購一空的局面，銷售預估可提升為現在的兩倍。促銷的宣傳活動也將具有全國性的規模，相當龐大可觀的。

為了這個目標，各位現在一定要堅持下去，明年將是公司鴻圖大展的時候，現在應再多加忍耐與克服工作上的困難，將來必會成功，才有大豐收啊！」

當然，說這話的人本身，也應對未來的目標抱持樂觀的信念。這是所有部屬「希望」的泉源。

6 ● 以尊重對方的心態說服對方

◇◇無法說服成功的原因

一般人都認為「說服」就是好好的向對方說明，讓對方了解真相，進而心服口服，同時要刻意的佈置氣氛或選擇特定的場合，才能順利的說服對方。

這個觀念還不算完全正確，若想有效的說服對方，絕對不可疏忽日常生活中所累積的「人際關係」。每個人與別人相處所發生的關係，長久累積起來，就可和別人產生心理上的聯結，在說服的重要關口時，這種關係可就發生效用了。

讀者看完下面的說明之後，一定會有深刻的了解。

如平常就令你感到討厭或困擾的人，有一天突然前來說服你。試想，你是否會心甘情願的照對方的要求改變自己的行為與意志？答案一定是否定的。即使明知他說得有道理，對你的好處有多大……，你一定還是心存戒心，懷疑對方可能有企圖。

相反的，要是你平常就對他存有好感或認為他是個值得信賴的人，突然來要求你做某些事，明知自己多少要吃點虧，但還是情願接受他的說服。

由以上觀之，欲有效的說服對方，必須注意平常多累積「人際關係」的基礎不可。

◇◇希望被別人重視的心理

在工作崗位上努力不懈的做事，但總無法順利完成者大有人在。「說服」對方之時，雖已盡自己最大的能力去向對方說明，但還是不為對方所接受的情形更是常見。

「為什麼不接受我的說服？」

「為什麼不聽信我講的話？」心中因此而懷恨著。

為什麼很多人都希望獲得別人的重視，都希望別人能聽自己所言之事，卻總是無法如願以償？原因是，他們都只顧著陳述自己的主張，忘了更需重視對方的存在所致。

每個人都渴望被人重視，欲說服別人者若大意的忽視這點，就是犯了「說服」上的錯誤。

「我這麼努力的解說，為什麼他一點都不了解？」上司心中這麼抱怨著，其實部屬心裡也一定在想：

「主任一點都不能了解工作的困難所在。」

假如這位主任能先尊重對方的說：

「你的工作因為需要特別注意許多細節，所以格外的辛苦。不過，你做得非常好，使公司得

「我愛你」，這種愉快的心情最容易使彼之間有所溝通。

到很大的幫助，你努力工作的情形，我已向科長報告過了。」用這種方法肯定部屬的工作績效，表示對他的重視。

一旦部屬聽到主任已向上級報告過自己的事，感覺到被肯定及被重視，心中一定很高興，自然也會對主任產生好感，甚至體恤主任的說：

「主任！你也是相當辛苦的，隨時都有突發事件等你處理。」

總之，若常想著自己有無被人重視或被接受，一心拘泥於自己的事，忘記對方的存在，則對方也會有同樣的情結出現。因為他也渴望被人尊重與接納，這點切不可忘記。

若能先顧慮到對方的心情與想法，自己的心情也會因此而減輕說服別人的壓力。先去關心對方，將使自己心境變得寬廣，又可增強說服對方的效果，何樂而不為？這乃是說服別人的基本要素。

◇◇進一步與對方打招呼

與別人講話時，除了要明確的標示自己的存在，讓對方知道「我在這裡」外。同時也要讓對方感覺到你重視他的存在。

「早安！」

一早碰上司時，僅是簡單的打個招呼，是不夠的！應該進一步的問候對方：

「昨天的會議是不是拖了很久？是怎麼回事？到晚上八點才結束嗎？現在公司的新計畫什麼時候可以施行？」

招呼應達到這種程度，才比較具有積極的作用，這時上司一定也會回答：

「還要一段時間，因為各部門之間彼此互相協調，還需要一段相當長的時間。」

這樣，二人就可正式通入會話之門好好聊起來了。公司的新企劃，應是上司目前最重視及關心的事；但對部屬來說，新企劃的成功與否跟自己沒什麼重大關係，有些部屬就會顯得毫不關心，甚至不敢多問，深怕引起上司的不滿……稍微躊躇，機會瞬間即過。

一般來說，部屬們應儘量找機會接近上司，藉著打招呼，進一步與上司深談。上司對於一位懂得關心上司的部屬，或對上司重視的事加以關心的部屬，特別有好感。假若，這位部屬有一天前來報告某事時，上司一定會在盡可能的範圍內，答應該部屬的請求。

◇◇提高對方的地位，並賦與其榮譽心

現在換個角度來看上司和屬下們接觸時所發生的情形。

日本職業棒球勁旅巨人隊以前有一位牧野教練，他對每個選手都非常的關心與照顧，不但知道每位球員的生日，甚至於每位球員的經歷、性格上的特徵、目前的家庭環境、最關心之事，或正心煩何事，牧野教練全都瞭若指掌。

不過，巨人隊的當家投手堀內脾氣卻是出名的倔強，是個相當不好相處的人，任何人有事想說服堀內，總是不敢輕易開口。但是，只要碰到牧野教練，堀內就會很巧妙的被說服。

例如，有一場球賽只要再三振一位對方的選手就可大獲全勝，堀內也將成為所謂的「勝利投手」。可是，經理這時卻命令換投手，別的教練走到投手板告訴堀內要更換投手時，結果意料中的，堀內非常生氣的說：

「我還可以投。」拒絕經理的命令。

換了牧野教練來說服時，他並未一開始就提出換投手的事，而是很有技巧的說道：

「很辛苦吧！你一定感到疲勞了。」

「不！沒有關係，我還可以。」

「哦！這樣嗎？坐在選手休息區裡的我們反而感覺疲累。拜託你，請換投手吧！」

面對平日頗照顧自己的牧野教練，堀內變得無法抗拒，只好走出投手區……這件事情確實給人一個很深刻的印象。其實，牧野教練剛從中日隊到巨人隊時，並不太具有說服力。有一次，他對練球時精神渙散的選手說：

「你這樣還算是職業棒球選手嗎？現在不好好練習，將來比賽時成績太差了，被故鄉的父親知道，他一定會很傷心……。」

沒想到這位選手居然很冷漠的說：

「教練！我父親老早就過世了。」

這件事情使得牧野教練感到很慚愧，竟然對選手的家庭一點都不了解。他再三反省後，痛下決心要多多關心每位選手，去認定他們存在的價值。

現擔任巨人隊經理的騰田，也就是牧野的上司。看見選手時，總是自己先打招呼，使得每位球員都感到很高興。巨人隊的副理王助，就曾說過下面這段話：

「經理的地位，是因為選手與教練才得以顯出其身價與重要性。反之，若經理級的我們想提高身價，除了有賴於選手們與教練是否肯合作外，絕對沒有其他的途徑。」

總之，想提高自己的身價，就應該先去肯定對方存在的價值，先提高對方的身價。這和想說服上司或部屬的道理是相同的。

●說服力的學習①

說服要有誓死如歸的氣魄
——立花道雪的說服力

立花道雪是日本戰國時代大友宗麟大臣，也是立花城的城主。他在年輕時就非常勇敢善戰，因而被封為大器，但是後來因被雷電所擊，以致腿受傷而無法行走。

對一位武士而言，不能出征是個相當大的打擊。一般人在遇到這種情形後，會心情沮喪而悶悶不樂，甚至藉折磨他的家人和臣子發抒鬱悶的心情，終於導致親近的人一一離他而去。但是立花道雪卻不是這樣，他仍然請纓上戰場，每次交戰時，都讓部屬用轎子抬他，他則坐在轎上指揮軍隊攻打敵人，當形勢不利時，他會立即叫：「趕快前進！趕快前進！把這轎子抬進敵人的陣營中。」臣子們聽見他的鼓勵，也都會奮不顧身地向前衝。每當遇到不利的情勢時，立花道雪都會率先站在隊伍面前發號施令，臣子們看見身體行動不便，卻仍勇往直前的立花道雪，都深受感動。所以說服有時也必須要有像道雪這種誓死如歸的氣魄。

道雪當時是為大友宗麟做事，大友宗麟則是一位非常狂妄而且沈迷於酒色的人，經常招致臣子的埋怨，一些大臣們非常擔心，於是紛紛到宮裡去諫言。但是大友宗麟不僅不聽，還不願意接見這些大臣，所以大臣們就請立花道雪去說服大友宗麟。

立花道雪在其住宅裡，故意召集許多年輕貌美的女子飲酒唱歌，他這種行為很快地就傳到大友宗麟的耳裡。在大友宗麟的目中，道雪是一位剛正樸實的人，並不喜歡這種風花雪月的場合，他覺得很有趣，就寫了一封信去問立花道雪：

「我所聽見的傳聞不知是真是假，如果是真的，可否讓我到你家中去看看？」

立花道雪回信道：

「我已年邁體衰，沒有什麼值得看的，但如果您希望………。」

於是立花道雪就帶領家中的美女進宮，並讓她們在大友宗麟的面前載歌載舞。大友宗麟非常高興，立花道雪坐在一邊，以非常誠懇的語氣說：

「傳聞君主最近的情況，讓大臣們非常痛心。」

在古時，如果說錯一句話是會引來殺身之罪的，立花道雪在諫言的同時，無疑是已把生命也拋開了。但君主不愧是君主，大友宗麟深深為立花道雪的死諫所感動，從此以後便專心於政治的革新。

第二章●讓對方非答應不可的説服技巧

1●讓對方的心理產生正面的想法

◇◇使對方的心理有所改變

「說者無意，聽者有心。」隨便說一句話，很可能就深深影響到對方的心理。我們常可聽人家問：

「你現在有沒有空？」

這樣問的人，大多是有事情想拜託別人，所以才會先問別人有空嗎？殊不知這種問法一點也不高明，因為會使對方產生戒心。

被人問「有空嗎？」絕對不會有人回答：

「我有空！現在正無聊得很呢！」他們大多會說：

「你為什麼問我有沒有空？」或是：

「我只有現在這點空檔時間可以休息，我忙得不得了啊！」

所以，有事想請對方幫忙時，不妨先這麼講：

「你很忙我知道，但是，很抱歉！不知道是否可以拜託你………。」如此一來，對方或許說：

「嗯！好吧！我沒有忙到那個程度。」

這是比較容易引導對方答應受託的說話方法。關鍵在於「你很忙」這句話，表示先站在對方的立場，替對方想過，所以對方的心理會比較舒服。

有一位新上任的股長A先生，對於其部屬B先生常遲到之事感到煩惱不已。B先生每星期至少遲到二次，不僅對A股長的其他部屬造成不良的影響，甚至A股長的科長都注意到B先生遲到的行為。所以，A股長正考慮不知該採用那種方法，才可以好好的說服B先生改進。

A股長此時想到一個策略。

試著以遲到者的心理來設想，任何一個遲到的人，不但自己感到不好意思，甚至連帶對打擾到同事而感到尷尬，這種遲到的心情每個人皆相同。假若在B先生遲到時，又對著B先生大吼大叫：

「下次不要再這樣了！」試想對方的心情會如何呢？A股長顧慮到對方的立場後，決定採用相反語氣的說話方式。往後B先生只要一遲到，A股長馬上說：

「B先生你來啦！我正有事要問你呢！」

「唉呀！B先生，我們正在等你來，馬上要開檢討會議了。」

A股長每次都以這種非常期盼B先生到來的說話方式，不斷的告訴B先生。最後連B先生自己都感到不好意思，好像一遲到就會造成別人的不便似的。

更何況A股長看見B先生遲到時，仍是笑臉相迎並親切的打招呼，原本因遲到而困窘的B先生，心情整個都明朗了起來。

這是B先生心理的變化，A股長所做的只是嘗試將B先生的心理轉而為正面的想法。所以，想要改變對方的行為，所採取的說服技巧是相當重要的；將對方的心理轉負面為正面，是說服成功的要件之一。

◇◇使對方忍痛也會答應的說服技巧

在說服的歷程中，讓對方非答應不可的第二個要點，即根據以下的原理。

學生時代曾聽過「法的哲學」這門課，講到「人並非所有的行為皆合於理性」，到現在都還記憶深刻。

「如果你到水果店去買蘋果，店門口正巧放了二盤售價都是一百元的蘋果。其中一盤只有三個蘋果，但每個看起來都很新鮮甜美；另一盤只放了二個蘋果，並且不比第一盤好，其中一個蘋果還稍有瑕疵。試想，買那一盤會比較合算呢？一般人一定會毫不猶豫的買第一盤（三顆蘋果），因為比較划算。

卽使自己有損失，也覺得滿足

可是，假若這時你的背後站了一位女孩，是你平日就仰慕已久的同事，她也正巧是要買蘋果的，你會怎麼辦？仍舊買下第一盤的蘋果，留下第二盤較差的；還是自己吃點虧，買下較差的第二盤，第一盤則留給那位女孩？」

「你恐怕會買下第二盤，忍痛的留下第一盤給那女孩吧？」

的確，人類的行為，並不是一切皆有合理的解釋，或一定是合乎理性的標準。

說服的過程也是同樣的道理，明知答應對方的說服後，自己可能會吃虧，但還是咬牙點頭答應的情形大有人在。這是什麼原因呢？

人在下任何判斷前，的確會先考慮本身可能得的益處，或事先計算利害關係，任何人都不想吃虧。但有許多利益並非一蹴可幾的展現在眼前，例如對名譽、信用、地位……等有深遠影響的事，或某些主張、主義及愛情之類的精神寄託，遠比金錢所能衡量的物質享受，來得更有價值與意義。

有時吃虧就是佔便宜，人們應該先以整體性的利益為重，否則因小失大才真正不划算。

像前面的例子中，雖然在經濟上遭到損失，但可得到那女孩的青睞，或甚至只是自己心甘情願，而得到內心的滿足與快樂，這些都只是心理的作用。事實上，想說服別人，道理也是相同的，一定要先滿足對方的心理，才可輕而易舉的說服對方。

「現在雖比較辛苦，但請多忍耐，這對你將來大有好處的。」

「特地來拜託你，只有你救得了大家。」

「能得到科長您如此熱心的指導，大家都會努力，拿出工作的熱忱來……。」

以上這些都是先滿足對方心理的說詞，不可否認的，它確實可使說服順利的進行。

◇◇認定對方的價值使其被說服

「駕馭他人的秘訣為何？」

某廠長會對一名職員說：

「要不是你，工作就無法進行了，因為你做事的速度最快，所以這件事只能拜託你。」

這種說服的方式，就是先肯定對方的優點與價值。即使所拜託之事，對他的確有困難還是會答應的。要對駕馭他人的方法下定義，確實不是一件容易的事，不過，讓我們先看看下面的例子：

部長對屬下有所託付時說：

「這種突發狀況不是原來預定的工作、臨時需插入的情形，只有你能應付得過來，所以無論如何，一定要拜託你。」

用這種先肯定對方的方法最有效，對方被說服後接下工作，雖有時也會發發牢騷，但私下還是會努力做的。

不過，切記，當這位部屬工作結束後，一定要再對他鼓勵的說：

「你做得真快，這次真的是救了大家……。」

部屬們聽到這些貼心話，心中一定會高興著，因而更認真而用心的做。

任何人面對賞識自己的人，絕對是不吝於幫助的。所以，說服對方的要點是先認定對方的價值、打進對方的心裡，對方自然會乖乖就擒。

2●指示對方一條明確的道路

◇◇不安的心理會使對方怯步不前

上司拜訪一位初次參加業務會議的部屬，要求其做會議中說明的工作。

上司本以為該部屬一定馬上答應，卻意外的聽到對方說如下的種種理由：

「我不適合啦！」

「我經驗不足，不行！」

「我覺得壓力太大，負擔過重。」

……總之，部屬千方百計想推辭。假若上司只一味的說：

「沒那回事！」

「第一次，任何人都是經驗不足的嘛！」

「只要有幹勁，一定可以做得相當圓滿的。」

上司這麼安慰著，沒想到部屬的反應竟然更糟，說什麼也不願意，問題到底出在那裡？

原來，部屬會說一大堆理由，正代表其心中不安之意。因經驗不足，深怕無法順利進行的懼怕心理，造成他裹足不前的情形。所以才會託詞說自己不適合擔任此一工作，或即使做了也會很不順……等等。假若上司這時候只回答「沒那種事！」一句話，根本無法消除部屬不安的心理。

對身為上司者，當然認為自己會找上這位部屬，完全是因信任其工作能力，所以才會不加解釋的一口回答「沒那回事！」

事實上，在當時的情況之下，上司應進一步鼓勵部屬，使對方不會因經驗不足而擔心過度。

「你怎麼會認為自己不適合呢？在會議中做說明，只要能適度的表現就好了，就算不流利也沒有關係啊！

只要每一句話都讓人聽得懂，以博得別人的信賴。這一點可以統計數字來加強。只要能確實掌握說明的內容，就不要擔心經驗不足，盡你所能去做，說不定比那些老練的人更能博得別人的信賴，進而加深別人對你的好印象呢……。」

以明確肯定的說法，幫助部屬打消原先推拖的理由。

「沒有問題！不要擔心！」

「你一定可以做得到的！」

以上這種不負責任的話，根本無法減輕部屬心中的不安，最好還是少說。

◇◇明示對方工作的藍圖

「不要擔心……。」

「你一定可以做得到的。」

這種安慰人的話是為了使人安心，但不該只用語言表現，最好再提出如何做的方法，讓對方安心的想：

「當然，這麼簡單我一定也做得到。」

如此一來，對方一定會毫不猶豫的接受。以上篇所述的例子做說明：

身為上司的人可以深入的對部屬說：

「我也有過好幾次經驗，對於出席參加說明的工作，我有三點心得提出來供你做參考。

第一點，說明的內容與資料要事先做充分的準備，同時要先擬好說明的大綱。準備齊全之後，儘量能在事前一天做練習。最好是先找二個到三個人和你合作，請求他們聽你當場說明，做一次模擬的說明會議。這樣就可以了解自己較弱的部份在何處，更可改進自己上台說話時不好的習慣……等。

第二點，多採用圖解來做說明。光採用口頭報告容易令聽者感到無聊，甚至感覺枯燥無味而聽不下去。試著將一些數據或重點做成圖表或一欄表，訴諸於視覺效果。說明時若有變化，就能引起聽者的興趣。

第三點，面對衆多聽衆時，會臨場緊張。這時先做個深呼吸可幫助你穩定，消除原本緊張的情緒。任何人都會有臨場緊張的情形，所以不要過分擔心，這樣反而不好。假如到時真的緊張得無法自我控制時，你就想：我也是個凡人，別人和我一樣。必定可以減輕一點壓力與緊張。

你只要注意以上三點就可以出席會議了，絕對沒有問題。」

一旦上司對部屬講了上述之具體措施，一定能使對方安心並按步就序的完成工作。

有些人因為事先毫無預知，所以不知所措，跟著對自己也失去信心。所以，若能明確的提示對方工作的方法，一定可以輕易獲得他的首肯。

◇◇減輕對方的負擔

要說服對方答應做某工作，最好從小事或較簡單的事著手比較容易獲得對方的同意。

請別人做事時，若一股腦子全都託給對方，對方可能會覺得過於繁雜而一下子難以接受。若能將整件工作分成幾個小段落，在不同的時間交付對方，自可減輕對方的心理負擔。例如：

「這是日本地區的資料，請你歸檔。」

先將工作中的一部分託付對方，對方看工作還蠻輕鬆的，一定會答應。當他將日本部分做完時，你再接著說：

「很好，順便請你也將東北亞部分歸檔吧！」

一聽上司這麼說，只好苦笑的說：

「好吧！」答應之後，卻突然的問：

「你大概不會說：順便全部都交給我做吧？」

「你若能順便幫我做，是相當難得的。」上司說：

「該不是一開始，就預備全部讓我做？」

突然，雙方面對面的哈哈大笑，使得對方不再有心理上的不悅。

這種作法時常可見，尤其是商品銷售時採分期付款的方式，也是根據這種原理。

「讓我將商品先放在您這兒！」推銷員說：

推銷術中確實有這一招，先將商品放在客戶那裡，暫時不收款；客戶因尚未付錢，認為用看看也無所謂，但只要客戶使用了商品後覺得確實給自己許多便利之處，下意識就會有一種非買不可的想法……。

總之，不要一開始就給對方一個遙遠的大目標，這會使對方無法擔負。應適度的減輕對方的負擔，每次只給其努力可達成之目標即可。

3 ● 讓對方描繪遠景的說服技巧

◇◇說服是真刀實鎗競技

說服時所面對的對象中，有每天見面的公司同事，與到外面推銷或拜訪不甚熟稔的客戶，其說服的方法，有何差異？

常可聽到公司中的進修講師抱怨地說：

「真難做，大家對我的為人早就摸得一清二楚，所以當我正經八百的站在台上講一些規章時，底下的人都會捉住我平日的小把柄來反駁，我真不知該怎麼說下去。」

想說服公司內的同仁，確實是會發生如上的狀況。當你擬好一些條例與施行的辦法，要求公司同仁遵守；或許你在講解這些條例時，能讓他們當場接受，可是一旦他們想到你平日的言行舉止，這些條例瞬間成為他們嘲笑的把柄。

由於你要說服的對象，對於你平日的人際關係與實際工作成效有所評價，而此評價又最容易成為對方拿來攻擊你的有力武器。這是要說服公司內同事最困難的地方。

不過，以上不利之處，相反的也可成為有利的籌碼。

公司中同事非常了解你，同樣地，你也一定非常了解他們，這正具備了親密的條件，佔了說服的先天優勢。再則因公司內的同事，沒有時間上的限制，隨時皆可與其接觸。所以，要說服公司內的同事，還是可以順利進行的。

但若要說服公司以外的人，或不甚熟悉的客戶，想在短時間的接觸中就深入了解對方，進而說服對方，確實是不簡單的事。公司內的同事，理所當然會儘量與我們配合。但是公司以外的客戶，面對前來說服的你，往往都是先以拒人於千里之外的心態來應付你。

「說服公司外的客戶時，只有臨場短時間的接觸，不像公司內的同事，可以長時間的相處，所以絕對不可洩氣，因為再沒有下一次了。

公司中的同事關係，每天都持續著，除非有人辭職。一次說服不成，可下次再來。至於公司外的客戶，說服無疑是真刀實鎗的競技。一定要有不成功便成仁的決心。」

這是某經驗老練的推銷人員所說的，以下便是他對做法的說明：

「要讓對方在短時間內接受你的說服，需動員所有的方法，向對方說明時要簡單明瞭，同時要想辦法給對方留下深刻的印象。假若向對方說明時，一副慢吞吞的樣子，對方會不耐煩的說：『我沒有時間，我還有事，正忙著呢！』用這種藉口來加以拒絕。

僅用速戰速決的對策來說服對方，印象可能較薄弱，待你打道回府後對方也將你拋到腦後忘卻了。所以，不妨利用一些小道具來製造說服時的效果。例如宣傳的小車子、海報、圖表、模型或幻燈片……等等。

放映短時間的幻燈片，加強對方的印象，刺激對方的視覺以強調自己的優點。」

像這種短兵相接的說服局面，一定要格外的認真與慎重，務必集中精神。這種決心是相當重要的。

◇◇刺激對方的視覺以增進說服的效果

人類的五官中，據說以視覺接受刺激與反應為最強，若以整個五官的感應率為百分之百來計算，視覺受刺激的強度為百分之八十三之多。

經眼睛所看到的影像，會長時間的留在腦海裡，人往往利用眼睛幫助自己對事物的了解。

例如，光以口頭報告上司：

「主任，希望能再增加一個人手。」

主任光聽部屬這麼說，八成都會回答：

「應該沒有這個必要。」

一旦被主任拒絕後，部屬再說明工作現場有多忙，人手有多不足，就算說破了嘴，上司還是無法了解實況。這時候該怎麼做？

這時，只需帶著上司到工作現場看，就算硬拖著上司也無所謂。讓他實地觀看，人手不足之事就一目了然了。當上司眼見現場的忙亂與人手的不足，心中一定會想著：

「原來現場的確人手不足，才會造成目前的忙亂情景。」

表面上，上司可能還是會說：

「那裡？還是可以繼續維持下去的。」但第二天，他可能就會派二個人來幫忙了。

讓上司親眼瞧見，確實比說破了嘴還有效果。把證據拿給對方看，比較容易說服對方。

採用刺激對方視覺的說服方法時，可製作一目了然的曲線圖表或統計圖表。若是要向公司內的人員說明，就可以找個時間，集合有關人員舉辦說明會，並使用各種視聽器材，如幻燈片、錄影帶等等，刺激對方的視覺，使其身臨其境。這是說服的一個好方法。

到女性服飾專櫃看衣服的女性們，在她們選購的同時，總是會先想像自己穿上這些衣服的模樣，以及別人的讚美之辭語：

「很好看！」

「這樣搭配很好。」

「這套衣服很適合你。」

這種被別人讚美的情景會浮現在腦海裡，使她們下定決心購買，即使售價稍嫌貴了點，還是會勉強自己買下：

用圖表來掌握說服的重點

1 據說：「一張圖表，可以減少說明一百句以上的時間。」可見將說服的重點用圖表來表示，在短時間內就可讓人印象深刻。

2 不只是給對方看就可以了，還必須讓對方容易看、容易了解。例如：

- 必須把重要的資訊一目瞭然地顯示出來。
- 一些相關的資料要向著對方放置，並把每一個要點具體地標示出。
- 看似非常複雜的事情，可將其製成圖表，再以其他資料來輔助說明。

3 隨著目的不同強調的手法也不一樣。

- 利用圖畫表現時，如果要強調比較小的感覺，可以把線畫得細一點，相反的，如果要襯托出大的感覺，可以畫得稍微粗一點。
- 大與小以對比的方式強調。
- 以粗線條表示，有量的感覺。
- 如果是強調結構和內容，利用圓圖比較有效。
- 要顯示比較長時間的資料，可採曲線圖。

4 圖表上所使用的資料，可以重點式地表示，能夠加強內容的權威性。

5 圖表是強調視覺的一種方法，細節可用語言來補充說明。

「小姐，妳這麼年輕漂亮，穿這件很適合你哦！」靈巧的女店員，絕對不會錯失這種機會。

以語言替對方描繪一幅理想景像的說服方法，就是用語言活生生的描繪給他們「看」，讓他們在腦海中浮現接受說服後的遠景。這會使得對方傾向被說服的意願。

希望對方接受某種新計劃，並進而施行時，先替對方在腦海中描繪出未來施行計劃的遠景，這種說服方法確實較有效果。若光只是用枯燥無味的長篇大論或數字說服對方，則力量較微弱。

「請你先想一想，這個計劃實現後，來光顧我們店裡的都是一些年輕的女性，如此一來，店裡自然總是洋溢者青春的活力，反而成為一種免費的活動廣告。我相信我們的銷售額一定會提升到現在的五倍以上……。」

這種誘人的說法，對方能不被說服嗎？

◇◇用態度與行動來說服對方

說服者的態度，也是視覺的重要刺激之一。說服者所表現的態度，若顯得輕浮、傲慢或過於自信……等，則不管表面上說得多好聽，對方還是會對我們留下不好的印象。

活潑生動的表情與熱心認真的態度，會留給對方鮮明而深刻的印象，同時也會產生一股「感動」人的力量。

每年到了春季時，日本百貨公司的各專櫃，常可看見許多手臂上戴著「實習生」或「見習生」

袖章的社會新鮮人。這是表示對工作外行，和入社會已久的前輩們比較相差甚遠之意。

但事實上，並非所有的顧客都認爲這些「社會新鮮人」一定不如別人，也有的顧客對他們大有好感。

有一位中年婦女到百貨公司購物，老練的店員熟練的包裝著她所買下的物品，這名店員雖然包裝的功夫很靈巧，做得又快又好，但是不斷的和旁邊的同事聊天，使得婦人感到不太舒服。接著她又想看看櫃子裡的一個手提包，所以就對店員說道：

「把那個手提包拿給我看！」

「是！」

老練的店員右手快速而準確的伸進玻璃櫃中取出手提包，毫不猶豫的拿給婦人，但她的臉依舊朝著一旁，沒有中止的和同事聊天，連轉頭看一下婦人的樣子也沒有。

這使得婦人突然有股空虛的落寞。所以，她將手提包還給店員，拿著先前已付款的物品步向百貨公司的門口。正當她快走出大門口時；看見旁邊站著一位「實習生」，她很認真的說著：

「歡迎光臨！」

離開時聽到「歡迎光臨」，婦人還是第一次碰到。卻也因此對這位認真的「實習生」產生好感，不知不覺停住腳步說：

「把那個手提包拿給我看！」

「是，是不是這個？」

那名實習生拿手提包時的態度，彷彿這個手提包非常名貴般地用雙手捧著拿給婦人，同時還加上一句：

「請您看一看！」

婦人將手提包接下來，並很快的決定買下。

這位「實習生」在包裝手提包時，動作並不像老練的店員般，而是笨拙且慢吞吞的，但婦人卻絲毫不介意。

「謝謝！」實習生將手提包包裝好後交給婦人，鼻頭上還冒著幾顆汗珠。

婦人接過手提包之後，心情愉快地離開百貨公司。

活潑率直的態度，會給別人留下好的印象，這也正是新進人員或新手，有時反而比老手更具說服力的原因之一。

4●洞燭機先而先發制人

◇◇採取主動姿態以免錯失良機

「上班族的生活就像貓打架一般，當雙方一碰頭，誰先出利爪抓對方，誰就占優勢。」

這是一位青年科長說的，確實，能占優勢就可領先對方。

某工廠的廠長曾經說道：

「部屬的提案與建議，我都是盡可能的接受或運用於工作之上。但我絕對沒有辦法全都同意，有時也會有否決的時候。否決部屬的提案是相當困難的，所以，我一定會早早告訴對方。

『這真是遺憾！』

『我先告訴你，上次……。』

自己先向對方說明否決其提議的理由。大部分的部屬一定會諒解，甚至很體諒的表示：

『我知道了！』

假若否決的理由一直延遲沒有告知對方，等到他來詢問時，才斬釘截鐵的回絕，這就很容易引起部屬的不滿，從此再也不信任你了。」

這表示凡事占先機則較為有利。上司若一直採被動的姿態，就等於落後給部屬。同樣的，你雖是部屬，但若能洞燭機先而先發制人，就能有效的說服上司。

◇◇利用「反彈力」說服對方

有一位日本作家鹿島孝二，他描寫幽默的能力頗強，且具有「一、二、三起床，再睡五分鐘」之術。這是描述貪睡鬼躲在被中賴床，心中想著只要數到三就一鼓作氣爬起床：

「一、二、三起床」結果反而倒下繼續睡。

雖然是一則笑料，但其中「一、二、三起床」正是「反彈力」的運用。

每個人都有偷懶賴床的經驗，別人來叫喚起床時，我們總會說：

「好！」「我起來了」「是」……

能用口令來激發自己的行動，不失為一個有益處的方法。例如，推銷員在出發前，都可先將其目標大聲的朗頌，把拳頭向天空高舉。這些都是鼓勵自己的姿勢與說服自己的方法。

所以，欲說服對方，就要注意運用這種「反彈力」的方法。不單是對付偷懶的人，對付猶豫不決的人也可以採用。常可在飛機上用膳時間裡，遇到下列的狀況：

「請問你要喝咖啡還是紅茶？」空姐客氣的詢問日本乘客。

「是……」日本人將手交握放在胸前，思前想後就是做不了決定。

「日本人就是有這種猶豫不決的本性。」這是日本航空公司空中小姐的經驗談。

碰到上述情形，若以說服者的立場，很性急的催他答應我們的請求，結果一定不堪設想。但一味的等待對方問，也不是艮好之計。

究竟該怎麼辦才好呢？這就有賴「反彈力」的方式廹使對方選定其一，要咖啡還是紅茶？

「請問咖啡要冷的還是熱的？」

好像對方已決定用咖啡的樣子詢問對方，這會使對方被廹快速選擇：

「不！我要喝紅茶。」

「謝謝！是要冰的還是熱的？」

「給我一杯冰紅茶吧！」

運用「反彈力」的方式，終於突破對方猶豫不決的態度，使得事情大有進展。

再舉一個例子。而對是否要集合工作人員開會而猶豫不決的上司時，可說：

「假若要集合工作人員來開會，是在星期六還是星期日？」

「還是平日比較好。」上司被廹決定：

「那是工作時間以內的時間，還是下班後的時間集合開會呢？」

「還是平日五點後吧！」

「那就這樣決定了。」

這正是以對方同意為前提，利用「反彈力」的方法來說服對方，迫使對方在不知不覺中做決定。

「我們開始做吧！」

「我們一起來吧！」

「是！那麼在一星期內做完吧！」

……………

這些鼓勵的話語也具有異曲同工之妙。對方本來停滯不前的心態，可用「反彈力」來推動對方行動。

◇◇壞情報先透露較有利

有的人一旦知道壞情報，就不敢透露給對方知道，這是什麼原因呢？因為他們不想也不敢看見對方不高興的表情，故將不好的情報拖延不加以呈報。但這卻使得情況更惡化，演變成不好意思傳達給對方的惡性循環。

以上是性格溫馴的人常面臨的問題。值得注意的是，對方表情不佳是由於壞情報而發生的，並非針對前來傳達壞情報的「人」。所以，壞情報越早傳達給對方越好，對方一定會說：

可採取這種方法

▶如果事先預料到對方會說：「不！」你可以說：

「我認為這個問題，沒有人會不答應。」

如果對方對現況認識的不夠清楚，你可以說：

「以本公司的現況而論，是大有可為的，應立即著手去辦。」

▶因為客戶的催促，你必須立即做一具體的答覆，但一時又不知如何回答時，你可以用相反的方式說：

「我很了解，只是對於目前的狀況，必須先讓我看看。」

意思是要對方拿出企畫案來給你看，因此你又可以如此回答：

「再怎麼急，你也無法現在就拿出企畫案，所以稍等兩天再說。」

▶早晨看到同事而有事情拜託他時，你可以說：

「早啊！那件事情就拜託你了。」

說完之後，就把要拜託他的東西放在他桌上，然後說：

「你對那件事情…………」

趁他忙亂之際，你就可以說：

「中午一起去喝一杯如何？」

「這麼快就通知我，謝謝！」

因不好意思講而拖延的人，想說服對方的情況越不利。對方會有理由說：

「這麼晚才告訴我，你若昨天告訴我還有辦法補救，現在我沒有辦法啦！非常抱歉！」

拖延的結果，只會造成說服的失敗。有時對方甚至會抓住這個機會，變成拒絕說服的藉口。

要將壞情報呈報給上司時，若很難開口，就直接表現出一副不好意思說的模樣：

「實在是不好意思的事，但我想還是先報告給您知道……。」

先說出「不好意思」的開場白，對方一定會心平氣和的聽完你所要報告的事。事實上，不管任何事皆是如此，即使是好事，也要速戰速決。

與客戶在業務的交往上發生差錯，使得顧客非常生氣時，千要不要有延遲的念頭，如：

「現在沒時間！」「明天再去道歉吧！」

一旦稍有這種想法就應馬上打消，應該當天就前往客戶那裡，誠心誠意的向對方道歉。

「真是對不起！」先主動講出道歉的話。

「假如你今天沒有來，我明天一早就會去罵你。不過你現在既然已來道歉了，今天的事就一筆勾消。」

因為主動的先向客戶道歉，反倒改變客戶的心情而取得諒解，或許連下一次的訂貨單都預約也說不定呢。領先採取行動以表示其誠意的方法，是一個善於說服者不可或缺的要件。

5●緩急之間運用自如方可獲得對方的同意

◇◇罵他是為他好

突然來了一通要找一位新進員工的電話，接到這通電話的公司前輩，就起身到隔壁去叫人。

這位新進員工在接完電話之後，卻連一句「謝謝」也沒有說，就逕自回自己的工作場所，公司的前輩並不說什麼，但其上司卻在後面輕輕的拍打了一下那名新進員工的肩膀，並說道：

「你是不是忘了什麼事？」

上司的語氣很溫和，表情卻很嚴肅，而新進員工似乎仍不知道發生了什麼事：

「哦？…啊？…。」

「你的前輩是不是替你接聽電話？」

「是！」

「那你就應該向他道謝，連這種事都不知道就不算是個『完善』的員工，知道嗎？」

「是！」

在這個時候不能讓步

▶這是一個一旦錯失就不會再來的好機會，你不能讓步。

▶在對方無自覺的情況下被要求做危險的事情，而他又忽視基本原則時，你不能讓步。

▶一旦讓步就會破壞協調的氣氛，甚至擾亂團體的和氣時，你不能讓步。

▶對於平常說話都聽不進，態度始終不改的部屬，在下最後通諜後，不可以讓步。

▶在工作上總是站在對立立場的人對你有所要求，而其要求與你有抵觸時，你不能讓步。

▶對有損自己地位、名譽的外來中傷，不可以讓步。

「知道了就要慎重的向前輩道謝！」

這時，那位前輩則緊張的揮揮手忙道：

「沒有關係！沒有關係！」

但是內心卻對晚輩疏於管教之事感到慚愧。事後，他回憶當時的情況，而有如下的啟示：

「我面對晚輩的過失，總是抱著『無所謂』或『不用道謝』的苟且心態，無法徹底的教育與指導晚輩。當我看到上司那麼嚴格的態度，就覺得應以他為學習的榜樣。應該明自告知對方的事，就要堂堂正正的指正對方。換個角度來看，這也正表示『情誼』對方，才會有此行為啊！

經過這次的事件後，我深深的反省自己的過失。」

新進公司的員工較不懂得待人接物的禮貌

，這是很平常的事。「因家庭與學校對於步入社會的禮儀，並沒有完善的教導，故公司對於新進的員工就負有再教育的責任，有必要教導這些社會新鮮人一些基本禮儀。」這是一位曾擔任人事主任的人所說的。

話雖如此，但即使二、三個星期集合大家上課一次，也無法輕易地就可將大家教會。這種再教育的工作，最好是當場指正，否則根本毫無效果。只要晚輩有問題或工作上出差錯，就要不厭其煩耐心的加以指正，務使其改過不可。

這是相當困難的事。就像前面例子中那位前輩苟且的心態一樣；經常為一點禮儀的事就指正晚輩，怕會被別人說度量小，以致常得過且過，心想下次再說，而產生了逃避的心態。

「要改變對方的行為，不是簡單的事。」

基於這種想法，於是前輩們採取躲避的姿態，這正是新進員工一直無法改正的原因。所以，當我們發現晚輩做錯事時，應該明確加以指正。這正是前面前輩所說的「情誼」，基於愛護對方的立場，故要不客氣的指正對方。

若能了解這個觀念並善加運用，則會大大的提高說服者的魄力。一旦發揮出這種魄力，對方會在不知不覺中被說服，並毫不猶豫的說出：

「是！是！」

這位上司能當場指正新進員工是一件很好且重要的事，同時在指正別人時，最好是採取嚴肅的態度，不可嘻皮笑臉。

◇以鼓勵使對方產生幹勁

嚴格指正對方之過程中，要懷著「愛護」對方的心意。雖然嚴厲的指責有助其改正不良行為，但若一直採嚴厲的態度也會使對方產生反感。站在上司或前輩的立場，言行過於高傲，卻要別人服從指責，這是不可能的事。

人是相當脆弱的，一旦失去信心抬不起頭來，不論任何事情都會產生自卑感。那時，若能得到別人的鼓勵，則比什麼都令人高興，不是嗎？

部屬或晚輩信心受挫時，身為上司或前輩的你，就要一改平日嚴厲正經的模樣，鼓勵部屬或晚輩，一定可以收到非常好的成效。身為上司或前輩的你，平日一定要多多注意部屬，不要錯失鼓勵對方的機會。

例如：當部屬因某項工作失敗，而對自己完全喪失信心時，就要鼓勵他：

「你一定要幫助自己提起勇氣與幹勁才行。」

「失敗是自己造成的。若什麼都不做，根本不會有所謂的失敗，這就足以證明你很有勇氣去嘗試。你不要再犯同樣的失敗，記取這次失敗的教訓，成為你下次再度面臨困難的經驗，這才是你要再努力的。

人總會有跌倒的時候，最重要的是該如何勇敢的站起來。我相信你一定做得到的，我一直很注意你……。」

◇◇以退為進的說服技巧

說服的策略中，其進退之間猶如一線之隔。若我們能善用以退為進的說服技巧，必可反敗為勝說服別人。

有一位經理對於蒐集情報相當高明，而且情報還都是自動上門的。為什麼呢？因為只要有人提供情報，他就會禮尚往來的也回送對方一些情報及小禮物，造成大家都認為提供他情報是理所當然的事。

事實上，他並不是為了要別人提供情報才送禮，是他的人格與品性促成他這麼做，這是有來有往的方法。接著我們來談談以退為進的策略。

有位職員想說服上司施行某項企劃，不料卻反被質問：

「你可知道目前的市場狀況？」

該職員無言以對，於是遭到上司的拒絕：

「那樣不行啦！」

這位職員也很乾脆的退回，使得上司以為他已斷念，不會再有下文了。

「這是上次的問題……。」

過一陣子後，這位職員再度來說服上司，而且不論上司質詢任何問題，都能提出一套完好的設計，因為他早在上次被退回後，做了充分的準備與檢討；而上次可說是一種以退為進的策略，其目的就是鬆懈對方的戒心。

不過，這種以退為進的策略不可亂用的，必須平日皆採正面說服者，偶而才嘗試一下方可，「偶而」是指必須用在急時，一定要獲得對方的同意時，才可使出此策。必定要限用在這個範圍內，多用則無效，正如孔明的空城計一般。

「對不起，說出這麼不濟事的企劃，實在不好意思，所以要斷念。」

先用這種方法，取消自己所提的企劃而退下。當對方看見我們消沈的表情，一定也會過意不去，事後心裡可能還會想著：

「我要是答應他就好了……。」

過不久，我們再度前來說服：

「關於上次××事……。」

對方則會在不知不覺中有贊同的意願。但是，若常用這種以退為進的方法，對方就不再吃這一套了。

◇◇虛張聲勢「殺價」法

工會在為罷工的勞方向資方斡旋時，都會為加薪之事形成拉鋸戰，勞方希望能大大的提高薪資，資方卻希望不要加太多薪資。當然，也有勞資雙方對彼此所提出的薪資提高幅度，馬上就達成妥協，但畢竟是罕有的事。雙方總是要經過多次的斡旋與溝通才能達成協議。

事實上，勞資雙方在談判前，彼此早就有一預估的標準，但他們為什麼不一次就提出，而要雙方都盡可能的提高或減少，然後再來「殺價」，這樣來來回回數次不是太浪費時間了嗎？

最主要的原因是，這種勞資雙方拉鋸戰的談判方式，早就成為一種貫性的姿態與方法。另一個理由則是，採用拉鋸戰的談判方式來探索對方的最低限度。

同樣的道理，說服部屬接下某項工作時，也可採用虛張聲勢的辦法，然後再慢慢緩和下來。

「今天做不完也可以，只要明天做完就好了。」

「比預定目標低一點，也沒有關係。」

先提高目標，再慢慢讓步，對方也會不好意思再加以拒絕。

這種虛張聲勢的方法，也是使對方答應說服的手段。

◇◇欲擒故縱法

人類是相當奇怪的動物，別人表現出不理睬時，會自以為被別人瞧不起，甚至因此而大發脾氣。一旦別人表現得過於關心，又嫌人家嘮叨，唯恐閃避不及……。這種經驗每個人都有吧！

進入商店看物品時，若店員太早迎上前說「歡迎光臨」，就會給顧客帶來壓力，甚至連東西也不看拔腿就跑了。相反的，若店員一直都不上前來對客人說「歡迎光臨」，客人也會有被忽視的感覺而生氣的離去。所以，這句歡迎辭若能說得合乎時機，就不會造成負面的效果。店員如何適時適地的上前招呼客人，是相當重要的。

絕對不會有人被別人蔑視還高高興興的，人總希望被別人關心。問題是每人被關心的時機不同。

善於說服女性的男人，其態度絕對不會過於自傲。有時表面上裝著若無其事，好像不太關心她們的樣子，但又能適時的表現出關懷，這樣怎不叫女性們為之傾倒。

當我們面對自負高傲的人，就可用這招：

「我再也不管你了！」

「我什麽都不講，你自己看著辦吧！」

裝著對他們不關心的樣子，使對方因害怕失去關懷而開始動搖意志，這也是說服對方的一種方法。

以下是一個有趣的例子，可提供各位做參考。

一位二十五歲的上班人士，他想買一塊屬於自己的土地，並在土地上蓋一棟房子，這是他夢寐已久的心願。最後，他終於找到一塊理想中的土地，但其父親並不中意。

這位年輕人早和父親有協議，若蓋新房子，則要和父親同居，所以父子二人要各出一半的資金。假如父親反對就不妙了，因此年輕人非常積極地想說服父親。可是父親總是以「太遠」為理由，一直採否決的姿態。

年輕人不知該怎辦才好，最後只好決定暫時不問父親的意見。不料幾天後，父親反倒主動問起土地的事：

「上次的土地怎麼樣了？」

「土地早就被賣了！」

年輕人突然這麼說，但並非事實，僅是隨口說出，也不是存心要欺騙父親。

父親卻吃驚的問：

「賣了？」

年輕人看父親好像一副很可惜的表情，就趕快到不動產的介紹公司，拜託介紹公司的人說：

「假如我父親來問，請告訴他已賣出。」

第二天，其父又再一次問兒子：

「那塊土地賣給誰了？」

「……………。」

「太可惜了！」

「爸爸！你不是反對買那塊土地嗎？」

「我本來認為那塊土地根本就賣不出去的，所以才……奇怪！會有人買？」

「不知道行不行得通，我去拜託買方試試看。」

年輕人本來並不是有意要對其父撒謊，但此時除了再用假話來圓謊外，也沒有其他的法子。事實上，這個不經意的方法，使得他和父親現在正高高興興的居住在那塊土地上蓋的房屋裡，無疑是一次相當成功的說服。

這個方法是當說服面臨失敗時，設法引導其再轉變態度的法子。與上司否決你的提議時，可以說是類似的狀況。

「這是少有的機會！」

「除了現在之外，不會再有………。」

這種說服方式是向對方表示現在不聽從說服，往後將後悔莫及，有時這反而會使對方產生同意的心情。

6 ● 完善的準備中留有餘刃

◇◇完善的準備是說服成功的捷徑

說服別人，就是要獲得對方的同意，所以說服的內容一定要有周詳的準備。

說服失敗，是因常遭到對方白眼，或對方表現出惡劣的態度使得自己亂了陣腳，甚至是因內容準備不周詳而被對方視破……原因相當多。一旦有要說服某人的意念，就該從日常的言行著手。如何對付欲說服的對象，下一章會詳細的說明。本章，我們來談談如何準備說服的內容，方可使對方同意的要點。

公司皆有其方針與每個發展階段的政策重點，員工均須根據此一方針與政策，來達成其短程、中程、長程的目標。假若說服的內容與目標相去甚遠，則說服會遭到別人的拒絕是可預知的。

公司正遇經濟緊縮時，你卻提出需花費頗多的企劃案，當然會遭公司打回票。所以，一味的只專注於自己的工作中，或人云亦云所製作出來的企劃案，都無法配合公司的政策。請特別注意，千萬不可大意疏忽。

假若已配合公司的政策提出企劃案，但提案的內容不易使人了解，依然缺乏說服力。應儘量找出能抓住對方心意的論點，將此論點改在說服內容的大前提。

當然，準備說服的內容時，除了充分而詳盡之外，還要考慮到對周圍人們的影響。只圖自己工作順利方便，卻造成別人的不便，一定會遭到別人的否決，即使說服了上司，不久一定會聽到周圍的人牢騷滿腹。

所以，要常先替別人設想，這點相當重要。

在準備說服的內容時，一定要特別留意前人的實例，或調查當地工作場所的習慣……，這些細節非弄清楚不可。自己提議的內容雖自認完善，但一定要參考別人被上司退回提案的原因，如此一來，才不會再犯同樣的錯誤。

當再次提出相同的企劃，企圖再次說服上司時，可能因狀況不同，反而有不同的效果，但若多次說服不成，就應重新檢討自己準備的內容了。

設計說服上司的企劃內容時，一定要特別留意各個工作單位的習慣。因為人都有保守的傾向，大部分的人都不希望改變目前現狀。假若所提企劃的內容和他們的工作習慣有所違背時，就必須做許多事先的準備工作，同時更要特別注意提出方案的方法。

若是從總公司調到分公司，應特別注意當地的工作習慣與當地人士對事務的想法。若能常常以此來檢討說服內容的得失或方式，必能事事順利成功。

◇◇事先做好預備方案

絕對不會有人受邀上台演講時，事先不做充分準備的。假若有人被邀請做婚禮的主婚人，他一定會事先想好該如何介紹這對新人，以及祝賀新郎、新娘的賀詞。更慎重的人，還會在婚禮前將要講的話先寫在一張紙上，放在胸前的口袋以防萬一。

有些人確實會事先準備一份說話的內容，但會準備二種或三種以上的人，則少之又少。試想，若別人和自己所要講的話題內容相似，當自己上台所要講的內容前面的人已經講過了，這時自己又沒有多準備一份演講稿，若同樣的話題再講一次，不免讓人聽得不勝其煩。可是，因為沒有事先多準備一份演講詞，臨場也就無法變通了。

說服也是同樣狀況，若說服的內容只準備一種，萬一遇到不順利的狀況，又把同樣的內容反覆再三，對方必然感覺到不耐煩。

「同樣的事情講那麼多次，我很忙啊！」

碰到這種情形，可說已是碰得一鼻子灰，如何說服對方？若事先早已備有「第一案」、「第二案」、「第三案」……，那麼在前往說服時，就會因內容富於變化而說服對方。

因此，說服的內容，甚至連說服的方法，都要準備二種以上，如此在前往說服時，才能更具有彈性。

◇◇讓對方也有表現的機會

說服的基礎在於彼此的信賴感，說服的內容能獲得對方的信賴，才能獲得對方的肯定。說服最主要是以人為對象的工作，但光使說服的內容完善就可以了嗎?這樣是不夠的。

說服的內容雖然毫無瑕疵，卻反而易遭人反駁。雖然這種情形不多，但還是有人對於無可挑剔的內容，反而不高興或不感興趣，這也正是痲煩所在。

所以，最好讓對方也有表現的機會，讓對方也有發言的餘地，表現出需藉著對方的幫忙才會完善的場面。

「留下餘地」——故意告訴對方，認為應邀請有關單位出面幫忙。用這種懇求的態度比較恰當，因為在目前的工商社會裡，大家都是分工合作而有組織的。

尤其說服的對象是個好表現、自我意識強的人，就更應該用這個方法，反而比較有利於說服對方。關於這點，容第四章後再說明。

7 ● 先從一致點與共通性起步

◇◇強調不同點與對立性將造成彼此的鴻溝

在第一章裡，我們已經談過人心常受感情的影響。表面上的言行舉止，有時和心裡真正的想法差距甚大。對於這點，處於現實社會的現代人，可說是十分無奈的。

「我想辭職！」

當年輕職員想辭職時，上司為了挽留他而一直說服不已。這種場面在各公司中常可看見。

上司表面上是極力挽留這名職員，內心卻根本不這麼想，真可說是昧著良心說話。因為這位職員平時便與上司處不來，經常意見不合，這次職員自動請辭，正合上司的心意，他的心裡是如此想著：

「請吧！不必客氣！」

心裡這麼想，嘴上可不能這麼講，所以表面上表現得極盡挽留之意，對挽留的說服工作做得不遺餘力。乍看之下，他似乎很熱心的說服職員留下，但講的話有如芒刺在背般地令人討厭萬分，更加強對方的去意。

這是怎麽做的呢？就是把彼此的不同與對立之處，特別加以強調。

「我們雖然在××事情上，發現彼此的見解有明顯的差距……。」

「對於工作的進行方式，我們有很大的對立性……。」

特別指出並強調彼此如鴻溝般的隔閡，然後對部屬所提出的條件與改善之道，表現出若無其事的樣子，反正對方就快辭職了，就把他當成已辭職的人來對待。所以，最後還可能說：

「對於你的事，我可算是仁至義盡了。」

甚或表現出一副施恩的樣子，並強調彼此的對立性，告訴對方：

「但是你對我的要求，一點也不肯合作。」

和當事人雖是如此「說服」，但對公司中其他的同事，一定要大大的宣揚自己是如何下功夫挽留他，讓別人真以為已是「仁至義盡」。

將對方與自己不同的地方特別強調與顯現出來，只會使人離心離德，妨礙說服的行動。若想將說服搞得一敗塗地，就儘量去強調自己與對方的不同點與對立性吧！

◇◇從一致點與共通性開始

啊！我跟你一樣。

雷德曼的書中有一句名言：

「拒絕是推銷之始。」

這句話在世界各地的推銷界，已成為萬世不朽的格言。

事實上，不僅推銷人員要有這種精神，說服別人也要有相同的毅力，將對方的否決轉變成肯定的答覆與合作。心中隨時都要有被拒的準備，當然，若一開始就遭到對方難看的否決，還是會打擊自信心的。

剛開始著手某工作時，開頭就先做困難的或壓力過重的工作，反而會增加工作的困難度。

安特雷•朱若瓦在書中曾有如下的句子：

「龐大而複雜的工作，應從最簡單與容易的地方著手，這才是健全的做法。」

——我的生活技術——

前往說服時，不要一開就顯露出彼此的對立性與不同點。應該儘可能的找出彼此的一致性與共通點，這樣才算是「健全的作法」。

雖然僅是小小的共通點，但幾次累積下來，心理上會有一種親近感，對於問題與困難才會有彼此幫助的趨勢。

同出生地或地緣關係、同一學校的學長、學弟關係、共通或共識的朋友、認識某人、居住的地方遠近與否……，這些話題表面上和說服並無直接的關係，卻能形成彼此的親切感。

所以，前往說服之時，無論是多麼微不足道的事都不要放過，應儘快找到彼此的共通事項。

◇◇以共通點來吸引對方的視線

公司中一定有開發部門的設計單位、營業單位、服務單位……，當然也有行政部門的會計單位、人事單位……，各個單位雖皆屬同一公司，但因所屬之職務不同，難免有不同的看法與做法，或常發生爭執。如設計單位與製造單位意見相左發生衝突；製造單位又和營業單位不合、營業單位和會計單位也……。

最後解決的方法，往往是視當時那個單位較有勢力則較占優勢。有時各企劃的執行者，也要以其所仗之勢力來論高下，真可說是最後的手段。

當二部門意見分歧，雙方部門的首長互相溝通時，一定要先徹底地說明狀況，也許反而可找出彼此誤會的地方，或彼此了解不夠的原因。雙方若能將問題直接了當的講明，將使彼此的關係又往前進了一步。

總之，當與說服的對象僵持不下時，首要之務，就是找出彼此超然的共通點或共同目標。製造與銷售雖是不同的二種工作任務，但站在整個公司的觀點來看，一定有其共通之處。若能以此大前題與超然的立場來協調製造與銷售上的分岐點，過去的齟齬反而變得微不足道，並建立了溝通的管道。營業課長S先生為了強化營業，要求人事部門增加二名員工；人事部門卻認為公司目前應精簡人事，所以不答應營業課長的要求。這時課長該用什麼方法來說服人事部門呢？這位營業課長說：

「現在公司的情形確實應採精簡人事政策，我非常了解；雖然營業獲利，但增加人事開銷，其結果並沒有多賺或提高營業額。你的主張確實是很有道理。但是無論如何，人事部門與營業部門的目標應該是相同的，若能提高營業所得，這是大家都高興的事。當然營業部門一定會儘量節省開支，或避免不必要的浪費，並且積極而有效率的進行工作與任務。目前營業部門衷心的希望是能滿足客戶的要求，使銷售額大幅提高，所以要求人事部門答應增加二個員工，是不可少的……。」

這位課長先從超然而寬廣的立場，強調彼此的一致點與共通性，如此一來，對方是不可能輕言拒絕的。

8●抓住對方要害反客為主

◇◇一語擊中對方要害

A君下班時，偶然遇見好朋友，於是二人相邀到酒店喝三十分鐘的酒。因為只有三十分鐘，二人喝酒的速度無形中加快了不少。轉瞬間，二人眼前的二瓶酒皆已空空如也。

當服務生走過時，A君要求服務生再拿瓶酒來。不久，服務生將酒端上桌，並客氣的說道：

「對不起，讓你們久等了。」

「不是一瓶！是二瓶！一瓶酒怎麼夠。」

A君不滿的向服務生抱怨。他認為第一次都叫二瓶酒了，而且他們有二個人，服務生理所當然的應知道該拿二瓶，所以A君就不客氣的責罵服務生。

事實上，服務生是顧慮到他們剛才已經喝了二瓶酒，現在應該只要再一瓶就夠了。不料卻被客人責罵，因此非常不高興地斜瞪著說：

「你要二瓶就拿二瓶嘛！」

服務生的表情非常的難看，造成尷尬的場面。A君的朋友這時趕忙解圍開口說道：

「只有一瓶酒會很寂寞的。」

才一句話就解除了困窘的場面，大家反而都露出笑容來，心情隨之開朗。

「是！遵命！」

服務生態度一變，很高興地再拿出一瓶酒來。

這只是一個極平凡的例子。「只有一瓶酒會很寂寞的」一句話，就化解當時的困境，疏緩大家的心情，這實在是很溫暖的一句話。

女性尤其容易受這種話語所感動。僅一句話就能使別人舉手投降，這就是所謂的擊中要害。若能善加利用別人的「要害」，巧妙的轉移對方的心情與注意力，說服那有不成功的道理，這種擊中別人要害的話，我們可以稱之為「殺人的話」。

◇◇抓住要害的方法

若能將貼心話巧妙的運用，說服他人時，一定可以輕而易舉的獲得對方的答應。所以，平日就要多多注意何種類型的人，要採用何種話語來打動其心。

如何進入對方的內心深處，或抓住對方的要害，這些要訣非知道不可。現舉一個例子，加以說明。

某公司的教育科長，以前是擔任營業所的所長職務。他在營業所任內，常找其部屬做個別談話，雖然每次與部屬們接觸，都是指示有關公司營業的目標與方向，但他也會注意部屬們的私人生活，對於部屬的傾訴，總是仔細的聆聽。

因此，他對部屬們的工作進度與進行方式，甚或是部屬們有任何的困難問題……等都瞭若指掌。一旦要說服部屬時，就知道針對何人該怎麼說，其說服工作真可說是無往不利。

有一部屬工作非常熱心，但有一個案子卻令這名部屬感到力不從心。這時，營業所長說道：「你說這個企劃三個月內就可完成，但是前面的幾個小案件，就一定會花上三個月的時間……。」

這種體諒部屬的心情，常使得部屬們對他大感心服。而所長常用來和部屬個別談話的小房間，部屬們私底下都稱之為「私刑室」，這是一種玩笑的暱稱。據說使得部屬們各個對工作充滿精神與熱忱呢！

有的上司常會隨意干涉部屬正進行的工作，說服部屬時，也只是一味主張自己的意見，不斷的插手干預部屬的事。這種上司儘管每日辛苦的工作和督導部屬，但總是沒有什麼成效。

事實上，這位上司只要多多聆聽部屬們的內心話，然後從中找出他們的「要害」，一切問題將可迎刃而解。

不論是上司、部屬或同事，各種類型的人，都有其各種不同的要害。根據個人的要害來說服

灌迷湯

1 真是服了你，我無話可說。
2 眼光就是不同。
3 這件事很困難，但是你做得一點都不費力。
4 不管你在任何地方，你總是最吸引人的。
5 你不要做得太好，否則後來的人就會被你比下去了。
6 我保證如果是你，你一定會做。
7 如果沒有你，那我就很傷腦筋了。
8 你竟然發現連我都沒注意到的優點。
9 每一個人都不會的，你竟然毫不費力地做到了。
10 本部門都是你在推動的，不是嗎？
11 我對於你的交際之廣，真是要另眼相看了。
12 因為你是課長，所以每個人都會跟著你。
13 你是有實力的，放棄了太可惜。
14 你怎麼能這麼快就看出來了呢？
15 像你這種樂觀的人，我對你也是抱著樂觀的態度。
16 你絕對會，只是你不願意去做罷了。

，一定可以獲得對方的同意，大大地提高說服率。

9●最後一分鐘也不可放鬆

◇◇耐心的說服對方

拿破崙有一句名言：

「戰爭的勝利取決於最後五分鐘。」

拿破崙的意思是任何戰爭不到最後，不知道誰才是真正的贏家。打棒球也是同樣的道理，經常都是到最後一局的時候，情勢才突然逆轉，反敗為勝讓對方措手不及的情形相當多。所以，任何的戰爭或比賽，不到最後，絕對不可放棄。

正在從事某項工作時，未到最後關頭，心裡就已經先有退卻之意，則會減弱原有的力量，造成無法發揮實力的情況。前往說服，一遭對方反駁馬上打退堂鼓，不戰而敗，這都是不能堅持到最後一分鐘的後果。

絞盡腦汁想盡辦法，一定要有耐心的去說服對方，非得培養這種不屈不撓的精神不可。

◇◇拼圖式說服法

前面介紹拿破崙所講的話，可解釋為「不到最後不輕言放棄的意志」。善於爬樹的老手，常會給新手如下的忠告：

「爬上樹後下來的瞬間，要特別注意安全。」

「下樹時，越靠近地面越要特別留心。」

這可說是經驗之談，正足以說明任何事情越接近結束或尾聲時，人們愈易大意疏忽。

對方被說服之後，並不一定代表大功告成，可以交差了事。因為對方被說服之後，距付諸行動還有一段距離，還需要我們再鞭策一下，對方才會行動。這種情況常被人忽視。

「他既然被我說服同意了，應該不會有什麼問題才是。」

說不定心裡正這麼想時，對方老早又改變主意，這種事情屢見不鮮。有點像玩拼圖遊戲一樣，一定要將最後一塊圖板放進整張圖中，這張拼圖才算完整、真正大功告成。所以，千萬不可忽略這最後的一塊。

有一位推銷員每個月皆可賣出十部汽車，但他並非用此業績來吸引客戶。每個月都要賣出十部汽車，並不是一件容易的事。從表面上看，這名推銷員是個極平凡的人，他到底有什麼秘訣能說服這麼多客戶買車？

其實這位推銷員並沒有任何新頴的作法，只不過是待人誠懇、能替別人設想……，都是一般人也能做到的事。但是，其中卻有一件令人感到奇怪的事。

每當他和客戶接觸數次之後，就極力說服客戶購買汽車，一旦客戶有購買的意願，或已同意購買時，他就會馬上唱起歌來。

這位推銷員心裡是這樣想的：

「有這麼多廠牌的汽車，其中又有這麼多代理公司，客戶卻選中我們。而我們公司中有這麼多推銷員，這位客戶卻獨獨答應向我購買……。」

推銷員總是會湧出這種感謝的心情，故唱起歌來：

「我歌唱得不好，但我能做好售後服務。」

購買汽車的客戶，總是會擔心推銷人員是否可靠，即使已同意買車了，心裡多少仍想：

「向這個人買車不會有問題吧？」

正因有這種顧慮，有些客戶才會在同意買車後，又不安的退縮，取消原來的心意。

但是，當客戶們看見這位推銷員，端端正正的坐在對面唱歌，或許唱得並不好聽，卻給人一種樸實的感覺，似乎很有誠意的樣子。一個堂堂男子漢在眼前流露出赤子之心而熱忱的唱著歌，客戶往往因此而心安，不再後悔買車了。

「啊！這個人應該不會有問題。」

「這樣的人，做事應該不會馬虎。」

一旦客人對他放心與信任後，就不會再出爾反爾了。

◇◇說服成功後也不可怠慢

每個人在說服他人時，態度往往會變得和平常不一樣，不僅「慈眉善目」，心情也會轉而赤誠起來。

「你做得真不錯，業務部內都是你在支撐。」有人為達說服的目的，不惜甜言蜜語。

任何一個人聽到這種甜言蜜語，或是被人誇獎讚美，心裡一定都是很愉快的，那有不答應的道理。

可是，往往有人在「計謀得逞」之後，即自認已踏上成功之路，馬上轉變成另一副嘴臉，態度做了一百八十度大轉變。

「已經沒有什麼事了。」態度突然變得很冷淡。

說服並非只限目前，應該持續下去。儘管已獲得對方的同意，但仍不知其何時會改變心意。所以，說服的工作應該一直持續下去。

「託您的福！」

「往後諸事都要拜託您了！」

「有什麼我能幫忙的事，請儘管吩付！」

以上述的心情繼續說服之後的工作。下次再度面臨必須說服對方合作時，就會產生良好的作用。若只在說服的當時說盡好話，一旦被對方看清真相，下次想再要說服對方時，無論用任何甜言蜜語，對方也不會同意的。

不要自擋去路、掐住自己的脖子才是上上之策。

一旦上司接受你的說服，你可對周遭的同事說：

「真不愧是科長，這麼爽快就答應了！」

做好說服後的「說服」工作，以後對方就會樂於被你說服了。

●說服力的學習②

表達適當的意見來爭取對方訂契約的作法

福蘭特貝特格是全世界著名的業績最高、最優秀的人壽保險人員，他能將不可能的情況轉變為可能。以下就是他推銷成功的例子：

當一個人想要保險時，通常都會先向好幾家保險公司拿資料，做過比較之後，再選擇對自己比較有利的保險。但是一個外行人，通常是愈研究愈不能了解，反而浪費許多時間和精力，奇怪的是，卻很少有業務員去指導這一類的客戶。

有一位老闆，他想借二十五萬美金，但是對方提出的條件之一，就是要他投保自己身份、地位相等的人壽保險。因此，這位老闆就先向一些人壽保險公司拿資料。這時候，有許多家保險公司紛紛來拜訪貝特格也要求與這位老闆見面。見面時，老闆的第一句話是：

「有許多保險公司都提出了他們的資料，我的一些好朋友也介紹幾家好的保險公司給我，你把貴公司的計畫提出來吧！我們好好研究，如果條件好，我會考慮，其他就不必說太多了。」

貝特格聽了之後說：

「如果我是你，我會將桌上那些公司的資料，都丟進垃圾筒。」

貝特格說出如此令人意外的話之後，又繼續說：

「這些資料研究的結果，條件都並不太差，但是目前最重要的，就是配合對方的要求，儘快借到二十五萬美金。」

「沒錯！」

「對方認為你的公司雖然很健全，公司的信用也夠，但是萬一你出了差錯，連公司都無法做為擔保了，因此為了萬一，對方希望你能加入保險。」

「嗯！」

「那麼，你只需要花一點時間去加入保險，對方就會改變他的態度，而把二十五萬美金借給你。」

「也許吧！」

因為貝特格在這位老闆要加入人壽保險時，特別針對健康之診斷細節做了詳細的說明，特別強調，最重要的是儘早拿到具有權威性的健康診斷書。於是，貝特格就約好一位紐約最有名的健康診斷醫生，於半個小時後來替這位老闆診斷，並且告訴他：

「你現在立即去接受健康診斷，趁你目前健康情形還非常好的時候去最適合。」

這位老闆在稍做考慮之後，馬上就回答：「好。」他的腦中只是想著要加入有利於自己的保險，於是就把其他重點忘記了，馬上就答應了貝特格，而這也就是貝特格說服成功的地方。

第三章●根據對方的態度來說服的秘訣

1●預測對方的反應而採取不同的說服方法

◇◇顧慮對方的想法

任何人一旦接下某種任務，都理所當然的希望能馬到成功。究竟什麼才是成功的秘訣？人們常會發出這種質疑。關於這個問題，福特總統就有如下非常著名的答案：

「假若有成功的秘訣！就是要培養時常站在別人的立場，多替別人設想的能力。」

這個成功的秘訣，當然也可做為欲成功說服別人的秘訣。談到說服的秘訣，在此要特別舉出一些名言。

「要獲得別人的同意，應怎麼做才好呢？自古以來，就常有人探討這個課題，但這句話卻省略一個地方。即要人家來同意我……我的意見……的『我』字被省略掉了。」

就像英文中的祈使句一般，明明講的都是「我」的意思，但主詞「我」都被省略了。正因這種潛意識的自我沒有被明示出來，所以人們往往任其活躍於說服的過程中而毫不自知。於是在說服他人時，總是不自覺的只顧慮到自己的立場，忽略他人的想法。對方會對我們有何種看法？會對我們採取什麼態度？我們一定要充分的掌握與自我檢討才行。

常自以為已成功的說服對方，結果對方的反應與態度卻出乎人的意料之外。若因此就舉雙手投降或打退堂鼓，這些都是過於侷限自我視野，缺乏替對方設想的能力所造成的。

應將說服擴大到對方所關心領域中，去預測對方的態度與想法，再予以說明則無往不利。

◇◇預測對方態度的線索——〈一〉對方的要求與希望

要預測對方面對我們說服時的態度，可用下述兩個比較具體的方法：①分析自己事先所有蒐集的資料。②重新獲取資料，以此下判斷等。但以所分析與判斷的來探悉線索時，尚需注意下面幾點。

第一、對方的要求與希望。

對方的要求與希望到底是什麼？若能事先掌握對方的要求與希望，無疑已經捉住對方反應的線索。

在日本鐵路局與電力公司內，都有專門的用地交涉人員。他們最主要的工作是和不想賣土地的地主交涉，說服地主出售土地，這是相當艱辛的工作，常發生僵持不下的場面。這時就得訴諸於非常手段，強硬的征收土地。

有很多交涉人員由於方法不得要領，未能掌握住對方的要求與希望，致使談判分岐而說服破裂。有一位地主一直不肯出售土地，接手的工作人員達七位之多，一直到了最後期限的緊急狀況，在偶然的情況下，才得知地主的要求與希望是什麼。

到底關鍵在何處？為何地主一直不肯出售土地？

原來，工作人員太過於熱心之故。常常一大清早就上門拜訪地主，不然就是到地主上班的公司去；相反的是，地主要求見面的時間，工作人員卻從沒有出現過，所以給地主留下不遵守時間的壞印象。這位地主最厭惡別人不遵守時間……。這正是他的要求與希望。

有一位專門向地主洽購用地的老手，事先總是會推測對方可能要求的條件。先替對方設想：

- 是不是儘量要以高價格賣出？
- 需不需要幫忙找另外一塊土地？
- 是不是想知道以現行繳稅政策，用什麼方法買賣比較有利？
- 是不是想留下「合作」的名譽獎章？
- 是不是顧慮「不得已才賣」的面子問題？
- 是不是因顧慮自身的想法，想賣卻不能賣？
- 是否如前所述的問題，先替對方設想周到，並且遵守對方所要求的時間。以及自己是否能經常遵循以上各步驟來和地主交涉？……

若能把握住以上這些問題，就可掌握對方的想法，進而可預測對方的態度。

◇◇〈二〉對方的態度

前往說服時，對方將會採取什麼態度來回應？

每一個人的態度都是由其想法與意見所形成的。若想說服對方，就應該去了解對方的想法與意見，事先了解他贊成或反對的理由。有的客戶心裡雖然很想答應我們的說服，但實際卻有不得已的苦衷。因此，對方若拒絕說服時，其所根據的想法與意見，我們一定要探查清楚。

某公司的員工自組團體，每個月開辦講習會。但因團體的領導人A先生被公司調派前往分公司，於是這個團體馬上變得群龍無首。最後，大家均希望能由B先生來擔任領導人。若在不了解B先生的意願之前，就貿然地向他提出，實在太冒險了。

這時為了預測B先生的態度，應該先掌握住B先生的想法。

假如B先生的想法是「要我擔任自組團體的領導人絕對沒有問題，但是科長（B先生的上司）……。」所以B先生面對說服時，最初所採取的態度雖然是拒絕，但並不是很爽快乾脆的拒絕，而是另有含意的推託之詞。

碰到這種狀況時，不妨用下面的說法來說服對方：

「B先生既然已肯定團體組織的存在有其價值，就更應接受擔任領導人的職務，無論如何請您答應。事實上，前幾天在一個偶然的機會中，我們已經向科長請示過了。」

不讓對方說：「不」

聽完這套周到的說詞，B先生心裡一定會想：「啊！你們的事先工作做得真好。」

此外，因希望B先生可以毫無後顧之憂的答應說服，還可加上一句：

科長還說：「B先生是最適當的人選呢！」

如此一來，B先生所擔心的事已經解除，面對說服時，自然而然就會應允。

假如B先生心中的想法是：

「我的事情已經夠忙了，那有時間再出席講習會，更別說擔任領導人了，這樣只會使我更加忙碌，還是不要答應較好。」

若碰到這種狀況，可用下面的說詞來說服他：

「B先生！假若你不接下領導人的職務，自組團體就沒有辦法圓滿的運作。大家都期待著B先生。無論如何請您一定要答應。」

「但是我的工作的確很忙！」

「B先生只要擔任領導的工作，有關執行的事情都可以交給D先生。B先生是前任領導人A先生極力推荐的人選。」接著不妨再強調：

「大家都期待您接下領導人的職位。」

特別強調「大家都期待……」，此時B先生工作再忙，也不好意思再推辭了，便何況有D先生幫忙及A先生的大力推荐，B先生的心意與想法自然會轉向答應的一面。

◇◇〈三〉人性共通的心理

想要做一名高明的說服者，必須要能知悉世事，即一般人的共通心理，以此線索就可預測欲說服對象的想法與可能採取的態度。有一位職員向其科長提出某企劃時，得到科長的允許與贊同，但還需得到經理的批准，所以必須再去說服經理。

「我支援你，和你一起去！」科長支持的向職員表示。

於是職員與高采烈的和科長一起去見經理。不料，經理聽完說明即說：

「你們認為這個企劃案比以前好嗎？」

科長卻令人意想不到的回答：「兩種都還不錯啦！」

「什麼？科長，你說什麼？」職員以為他聽錯了，簡直不敢相信自己的耳朵。

事實上，這位科長有他的想法與做法。職員所提的企劃被經理保留了下來，但第二天經理就批准了。因為科長瞭解人都喜歡凡事由自己優先或做主的心理；尤其是身為上司者，更是希望自己的想法能領先部屬。假若這時候部屬一直不肯放棄的說服經理，經理一定無法接受而採取否決的態度。故當科長揣測經理的心理之後，才會說出令職員不敢相信的話。

科長在向經理建議時，只一味的說：

「這點是顧客常抱怨的！」

「因市面上正強烈的需求……。」

除講第三者的心意外，完全不透露自己的想法。這使得年輕職員覺得科長太狡猾了，但是他那裡知道人的心理深處呢？

「我認為……」「我想應該怎麼做……」若總是把我擺在第一位，往往會造成別人的反感。越是只顧自己，沒有考慮別人的心理，越不易說服他人。所以，在說服他人時，頂好是先將自己放下，藉著第三者的立場來說服對方。

例如上司問我們對某事有何想法時，可以學前面這位科長的方式來回答；或者說：

「我知道，您現在這種情形是不得已的。」

採用這種消極性的回答，就可轉變上司的心理，使上司答應我們的要求或說服。

總之，平日就應多多培養這種深入洞悉別人心理的能力，對於說服絕對有益。

2●捉住對方真正的心意

◇◇先從自我坦誠開始

人們在內心都有其真實的想法與真正心意，但要坦誠裸露的完全說出來，可就不是一件容易的事。

一個人若能毫不做作或不拘泥於某事上，往往具有一種吸引人的魅力。不過，這種坦誠的人並不多見。因為人們有時受虛榮的心理影響或為掩飾自己的外表，不易將自己真實的一面，坦誠的呈現在他人面前。

在工作場所或公共場合中，人們常常說一些言不由衷的話，久而久之即不自覺地變成一種習慣性，導至無法坦誠的向別人表露心意。因此，有很多薪水階級的上班族，在白天上班的場所不能盡吐真心話。下班後，就到酒店裡去發洩白天的情緒，這倒是很有趣的現象。

上班時所說的應酬話，其實並不是心裡所想的。

「我實在不想這麼講。」

「那樣講好像有點不應該。」

他們時常這麼懊悔著，因此喝酒時常會發洩不滿的情緒，說出自己的真心話。於是喝酒的地方反倒成為說服他人的場所，也就不足為奇了。

內心真正的想法，人們是不會輕易隨便地向別人透露的。但是，每次與人交談時，若都只是說些不痛不癢的應酬話，根本無法和對方溝通。用成堆華而不實的美麗辭藻來裝飾與堆砌談話內容，根本無法與他人做真心的接觸與溝通，久而久之，大家都會對這種人避而遠之。

所以，要成為一個善於說服者，平常就要有儘量使自己能坦誠與別人溝通的心理準備。能依現實的狀況，毫不矯飾表露自己者，有如下的好處：

第一、會受人家的喜愛。心裡隨時保持警戒的人，或總是與人保持距離者，則不為他人所喜。

第二、可獲得對方的真心。

「洗手就要先伸出雙手來。」假若洗手時，將雙手放進口袋中，根本不可能洗手。同樣的道理，自己不拿出真心來，別人也不會用真心來對待你。

某食品公司的年輕幹部會說：

「和客戶交涉業務的幹部，首要工作就是能不能和客戶的人生觀相吻合。」

能和客戶的人生觀相吻合，才有咨商的餘地。若想了解對方的人生觀，就得先打開自己的真心。

第三、提高說服對方的可能性。

能以真心對待別人，讓別人覺得很坦誠與真心者，別人都會很樂於與之交往和合作的。

「最主要是因您的關係，我才會說實話。」

「因為是科長，我才老實說。」

「我就是這種人，講話比較率直。」

「我們不要再打哈哈了！我要講心裡的真心話。」

可以用以上各種率直的說法，向對方表白心意。

人們對語言都是很敏感的，常常為了保護自己避免受傷而講許多客套話、替自己辯解的回答或是甜言蜜語；但對方馬上就會查覺到的，也會關閉真心，這就叫「以牙還牙」。

◇◇真心「寫在臉上」

當然，有時無論你如何開誠佈公真心待人，有的人還是會對你保持警戒心，讓人不知道他們心裡到底在想什麼？碰到這種情形時，我們可以特別留意他臉上的表情，不難發現其內心真正的想法正毫無隱瞞的寫在臉上。

古希臘哲學家德謨克里脫（Democritus）有一次上街，突然遇見一位熟識的女士，於是趨前打招呼：

「小姐，午安。」

第二天，他再度遇見這位女士，她和昨天穿著同一件服裝，於是哲學家馬上說：

「太太！午安。」

傳說中，德謨克里脫就如此率直的稱呼這位一夜沒有回家的女士為「太太」。

日本作家高問直道曾解釋為什麼德謨克里脫的觀察力是這麼地敏銳，能知道其中的「一夜之差」？高問直道先生說：

「德謨克里脫為何能巧妙的看出這位女士前一夜發生的事呢？因其敏銳的觀察力從女士的臉色、眼睛、表情、走路等一舉手一投足之動作，很快就能看出其中的奧秘了……。」

——看透人的方法——

以上說明觀察力的重要性。我們雖然沒有如此凌厲的目光與觀察力；但只要平時多去注意別人的臉色、表情、動作、穿著……，就可毫無遺漏的看透其真心想法。

所以，說服別人的時候，不要一味熱衷或陶醉在自己的說服術之中，應多花點心思好好的觀察對方。

與別人交談時，坐的位置或與對方面對時的角度，最好是在能觀察到對方表情的地方，這樣在說服對方時，才能掌握其內心的想法。這也是一個值得注意的重要事項。

由表情或態度來看一個人的心態

1 表情的重點在於眼睛，表情雖然看來在笑，但如果眼睛不笑就表示心裡是不高興的。

2 眼睛烏溜溜地轉動，往往就表示你在說話。

3 愈是隱藏自己眼神的人，你愈無法看出他的心態。

4 如果眼神顯現出冷漠的樣子，或看往別處，就表示拒絕或毫不關心。

5 眼神嚴厲而嘴巴緊閉的表情，表示他是不容易被說服，而且會責備你的人。

6 眼神直視對方，看似非常有默契的樣子，這是說服的最好時機。

7 眼角流露笑容，表情非常柔和時，即使嘴巴是說：「No」，但內心卻是說：「Yes」。

8 從手勢也可窺出一個人的心情，例如對方的手拼命地擺動，表示他的心情很亂。

9 人為了要保護自己，往往會把手交叉在胸前。相反地，如果放開交叉在胸前的手，就表示心情已放鬆。

10 當對方心情愉快時，往往會對有趣或自己關心的事流露出濃厚的興趣。反之，如果對方是一副無精打采的樣子，說服便不容易成功。

11 如果對方一直看手錶，就表示非常不安，已經被其他事情分心了。

◇◇精神鬆懈的瞬間洩漏內心之秘

日本有一段時間很流行「刑警奇隆布」劇集，奇隆布正是劇中擔任刑警的男主角，相貌長得陰陽怪氣，他常常穿著冬天的披風大衣。但是奇隆布卻是一個很精幹的刑警，能深入、反覆地刺探出嫌犯的內心想法。而他質問的方法都是極普通的問法。

「我對此事不大清楚，請你……。」

「我是不是可以問你某一件事……。」

簡單而易見的開場白，讓人聽起來好像只是一些不切合重點的質問，嫌犯常因此漫不經心的供出許多有助於追尋調查犯罪案件的線索。

等到奇隆布回去之後，犯人們才驚覺的發現已被奇隆布套出許多不該說的事。第二天奇隆布再度來訪與質詢時，嫌疑犯已有警戒之心，事先有了充分的心理準備不再露出馬腳。

可是，這次奇隆布的質問只是短短的幾句話，說完轉頭就要離去，此時嫌疑犯以為奇隆布真的要離去，不自覺的就安心地鬆了一口氣，但奇隆布此時竟驀然轉身，又再問道：

「我是否可以再問你一些問題？」

這時犯人們的表情臉色與其所說的話，正是充滿警戒心的刑警奇隆布所要觀察的重點。

當人的情緒一直保持高度警戒，而一旦放鬆這種緊張的情緒時，便露出一絲「真心」的縫隙；看人就應看這瞬間的真面目。

公司中的情形也是一樣；工作剛告一段落，正在抽煙時；或是下班後到比較輕鬆的場合喝一杯酒，人們在這種孤獨自處的時候，最容易露出盧山真面目。

假若要說服別人，就應看準對方的「鬆懈」時間，慢慢誘導出他的想法或進入他的內心世界，一旦能和對方彼此以真面目相待時，必然可順利的進行說服工作。

◇◇讓對方生氣以露出真面目

有時候，故意讓對方生氣也是一種刺探對方心意的方法。熟練的新聞採訪記者就經常使用這種方法。人的情感一旦激動起來，常會不知不覺的露出本性。

現舉例說明。

因工作關係，你正一步步走近欲說服的同事桌旁：

「你做事真偷懶！」

「什麼？」

「第一、你看看你的辦公桌雜亂無章，這樣能辦好事情嗎？」

這時對方可能會有二種反應，一種是很生氣，認為你看不起他；一種是無所謂，他認為你管不了那麼多。假若是後者，你不妨說：

「其實！我也沒資格管你的事，我自己……。」

用這種說法將剛才的話一筆帶過。假若對方表現出生氣的樣子，就可以再往下講：

「而且你的工作態度不佳，不知……。」假設有一企劃要共同執行，你不知他想採取什麼工作能度，於是用這種雙關語來暗示他，對方一定能了解：

「那我就說出我的想法吧！」

對方可能會怒氣沖沖的表白心意。不過，特別注意的是，讓對方生氣的目的是為激出對方的真實心意，以達成說服的目的；所以，一旦激怒對方之後，一定要有方法來緩和彼此僵硬的氣氛，否則只會弄巧成拙，增加說服的困難，不可不謹慎。

一旦對方被激怒後表白了心意，我們就要馬上改變態度，不留痕跡的向對方道歉。

「我不知道你的想法，所以不知不覺的急躁起來，還說出一些令你生氣的話，真是抱歉！我的修養實在差勁。對不起！」

坦誠的向對方道歉，將事情說清楚，往後面臨須說服對方的場面時，就已和對方建立起良好關係，同時也已瞭解對方的心意，說服對方就不再是件難事了。

3 ● 如何將對方的否定轉變為肯定

◇◇拒絕的各種類型

「不要啦！不要啦！代表喜愛的意思。」有這種以否定代表肯定的示愛詞。

人們賦予拒絕或同意的代表意義是相當廣泛。有時拒絕別人，只是表示同意的一種姿態。我們該如何分辨呢？今舉例如下以供參考。

●以拒絕掩飾難為情

人們常常喜歡用拒絕的方式，來掩飾心中的難為情。例如：

「你做就好了！」

「是！」

「你做得相當好啊！所以才找你。」

「那裡！我做得不好啦！」

我們常可看見如上的情形，被別人稱讚卻感到難為情，反而講出否決自己的話。

說服時也會面臨同樣的情形，有時被說服的人很想接受他人的要求，但為了掩飾心中的難為情，卻不做直接的反應。

「對我來說，這是相當困難的問題，所以想請你指導一下。」

「啊！應該還有比我更適合的人。」

有時對方會不好意思的說著客氣話，若將這種客氣話當成是對方的回絕，並說道：

「是嗎？那我再找別人好了。」

不但說服無法成功，也許還會因此引起對方的懷恨。所以，說服時若碰到對方拒絕，應該先注意其態度、表情、拒絕時的語調，特別是其眼神；假若對方口裡說著拒絕之詞，眼睛卻不正視我們，往往表示其言不由衷。察覺到對方是為了掩飾心中的難為情，就應該採取一而再、再而三的熱心說服攻勢，如此方可讓對方說出「同意」的話。

●拒絕是為擺架子或吊人胃口

有的人以為，若太爽快的立刻答應別人的請求，對方就不會產生強烈的感激之意，假若能先刁難對方，讓對方請求一、兩次之後再表示同意，會使對方倍感難能可貴而銘謝在心。所以，有的人就會故意先拒絕他人的請求與說服，好擺擺臭架子或吊別人的胃口。

碰到這種人時，我們可以說：

「你不答應，那就算了！」

「那樣嗎？那就再見了！」

也給對方來個不希罕的姿態；由於對方心中原本就已有意答應，所以事後他還是會自動上門的。也許晚上就親自打電話來說：

「因為是你來求我，所以我才答應的。」

用欲擒故縱的方法來說服這種人，似乎有點裝模做樣，但只要能達到使對方答應的目的就好了。

●以拒絕來刺探別人的心意

有的人因為無法確定說服者的心意，於是往往會先表示拒絕來刺探說服者的心意。

我們若碰上這類型的反應，不妨以反攻回去的方式試試看。不管對方的拒絕，不斷熱心的說服對方，使其感到我們是真心說服他或真心請求他的幫忙，對方就會將拒絕的態度改變為應允。

說服公司以外的人時，常會碰到這種被拒的類型。事實上，公司內部的上司也蠻喜歡用「拒絕的方式來刺探部屬的心意。

千萬不要被這種拒絕所折服，在不被別人認為太自傲、太囉嗦的範圍內，考慮時間性與說服的方法，努力嘗試向對方多說服幾次，一定會說服成功的，不要被對方外表的拒絕給矇騙了。

◇◇不明白答應說服後的好處而加以拒絕

很多人在面臨他人說服時，總是會先感覺到或想到在答應之後，會有什麼損失或困難出現的傾向。這是大家共通的毛病，或許是出自於自我防衛的本能吧！有時，則是基於人們一種不想改變現狀的保守心態所造成的。當我們向對方提出某一方案，欲說服對方配合時，對方一定會先找出此提案的漏洞或對自己不利之處，以此漏洞與我們討價還價。最主要是因為我們沒有凸顯此提案對其有利之處，所以，才會在我們一提出方案時，對方就馬上反對。類似這種情況，欲使對方從拒絕的態度轉變成答應的方法，就是明白的告訴對方施行此方案的好處，讓對方產生強烈的印象，這是最重要的，也是最常為人們所忽視的一點。

例如，某汽車公司為加強售後服務的品質，於是將原本的單人制改為團體制。因為實施單人制時，當客戶的汽車發生故障都希望服務員能以最快的速度前來修理，這使得單人制的服務員應接不暇，同時也降低服務的品質。所以公司才決定採團體制。

若採用團體制，當客戶的汽車有問題時，服務員們只要是有空的或在客戶附近的，就可馬上趕去修理，不但可縮短拖延的時間，又可提高服務的效果。公司將單人制改為團體制應是極好的構想，不料卻接到客戶們極力反對的聲浪。他們擔心的理由不外是：

- 每次來修理的人都不一樣，心裡會擔心。

・對於原先有專門的服務員，比較安心。

・拜託上次來修理的員工某些事，但不知下次來的是什麼人，很可能完全沒有回音。

・每次來的服務員技術水準不同，不知道好不好？

得知顧客們所擔心的皆是如上的問題後，就要讓他們知道改制後有什麼好處。

「現在改成以團體的方式互相支援，最主要是加強對客戶的服務品質。當汽車發生問題或拆換零件時，客戶總要求服務員儘可能的趕來修理。這正是公司將單人制改為團體制的原因，往後服務員們輪番上陣，當客戶呼叫時，有空的服務員或就近的服務員，即能以最快的速度馬上趕到，不會讓客戶等太久的，等待的時間絕對不會超過一小時。

另外，服務員之間平日皆會互相聯繫，絕對不會有什麼差別。再者，我們服務員的技術水準都相當一致，所以您不用擔心到您府上修理汽車時會有什麼差距或錯誤。請您安心地利用團體制的服務吧！」

藉由以上這段話，告訴客戶改制後的好處，解除他們心中疑惑，滿足其要求與希望，甚至舉出「不超過一小時」的具體數字，對方一定會因此而接受說服的。

◇◇強硬的態度粉碎對方的否決

有時我們要說服的對象看準了我們的弱點，會毫無理由地表現出拒絕的態度。我們很有禮貌而恭敬的去拜訪對方，對方卻以高傲的態度回絕。說來可悲，在這個以經濟為主的工商社會，到處都是弱肉強食的情況。對付這種類型的人，應該採取什麼辦法？

這種類型的人原以為我們很懦弱，這時我們應出其不意地給予對方迎頭痛擊，致使對方招架不住，反而由原先的否決轉而為答應。

例如某公司推銷部門因業績低落，而受公司中其他單位所輕視，並屢遭攻擊。

「你們這個部門啊！最近問題多多……。」

當欲說服某部門彼此合作進行一提案時，對方也是以此理由橫加拒絕。

碰到這種情形，唯有正面反駁攻擊對方，才是上上策：

「您一直說我們推銷部有問題，問題到底在那裡？請具體的告訴我們。」

「………」

「雖然我們業績並不是很理想，但大家都在同一公司服務，就應該彼此配合，唇亡齒寒的道理你都不懂嗎？所以我現在前來請求借助您的力量。」

此外有一個相當重要的觀念，對方早看準我們有弱點，所以堂而皇之地拒絕我們的說服；事實上，對方也存有弱點。當對方拒絕我們時，千萬不可喪失奮鬥的勇氣與精神，一定要果敢的「絕地大反攻」。以上所介紹的是各種「拒絕」所代表的真正意義。當我們了解對方拒絕的真意後，只要採取適當的對策，一定能使對方答應並接受說服。

4●對方沈默與不理睬時怎麽辦

◇◇培養抵抗力

一位上司想挽留欲辭職的女員工，所以極力說服：

「為什麽要辭職？」

上司最初只想問明原因，而女性員工只是默默不語。經上司一再催問，她才不得已似的指指辭呈說：「寫在辭呈上。」

上司打開辭呈一看，裡面赫然只寫了一個「個人私事」的理由，根本沒有將請辭的理由交代清楚。使得上司覺得好像被對方輕視一般，於是，變得惱羞成怒大發脾氣。這到底是怎麽回事？

有些人不喜歡給人留有過分沈默或不理人的印象，所以與別人交談時總是一直點頭說：「是！是！」但是，若碰上那種沈默或不太理人的對象，心理同樣會產生不安的感覺。因說話者總希望自己所說的話，能為對方所接受。假若對方在聽完說者的話後，沒有任何的反應或表示，這會使得說者產生不安的心理。

所以，若碰上一直保持沈默或不理人的人，會感覺陷入一種狠狽和尷尬的狀況，於是惱羞成怒失去應有的理智，這是常有的事。

聽別人說話時沒有反應或回應，會給人太沈默或不理睬人的感覺，這會使得對方感到緊張，緊張的結果可能會反應過度而生氣，這便是失去理智的原因。在工作場合裡若這種「回應」功夫欠佳，則會遭人詬病，我們常可碰到不懂得如何回應部屬的上司，或不易有反應的部屬。

「原來是這樣子！」

只不過是小小的回應，但代表已了解對方的意思。這種看似不重要的回應，影響卻頗為深遠。在與他人說話告一段落後，對方聽到你爽朗而宏亮的回應聲，自會了解表同意的含意，從而獲得別人的好感。

由以上可知，我們因害怕自己過於沈默會留給別人高傲的印象，所以和別人交談時，總是適度的回應對方；但若碰上對方過於沈默或置之不理時，我們反倒不知所措無法應付。

應付這種情形的第一步驟是，心理上不要過分在意對方沈默或不理不睬的態度，要培養抵抗力。不要怕對方沈默不語或不理人的態度，只要對自己所說的內容有信心，就不必太在意對方的態度。

◇◇隔一段時間再做反應

遇上沈默不語或不理睬人的人時，先不要心慌，以穩定的態度等待對方開口說話，這乃是第二步驟——心理上的準備。

其實，沈默的人並不是不喜歡講話，而是滿腦子都想「該講什麼好」，想的時間就等於他不講話的時間。所以，當對方正在想的時候，我們要以和靄可親的態度和表情來等待他，最後對方一定會開口說話的。

一方沈默時，另一方常會感覺這段沈默的時間，比真實的時間更長久更難忍耐。於是等待的一方會變得焦躁，甚至出言責備對方，或說話時語氣不佳，這樣反而會嚇退對方，使其又再度保持沈默。

例如前面所舉女性職員欲請辭的例子，上司一味地問：

「為什麼？」「怎麼回事？」

由於上司過於性急的質問，使得女職員失去欲回答的心情。事實上，前面所講「時間」感覺只是心理作用，瞭解這個原理後，耐心的等待對方回應，一切就可順利進行下去。

◇◇對付心存戒意而不語者的方法

一位年輕的推銷員前往拜訪客戶，發現與自己接洽的人員桌上，有別家競爭公司的小型宣傳手册。他心想不能被別人比下去，因此想從對方口中打聽一些情報，好做為下次說服的有利條件與線索。未料對方回答：

「這是我們科長拿來的。」

「我可以和科長見面嗎？」

這位上司並不是第一次和推銷員見面，但他的態度似乎不若以前來得可親。推銷員一見到科長就問起宣傳册的事。

科長似乎避重就輕的說：

「我們還沒有仔細研究。」

推銷員見他只說了這句話就不再說下去，便心有未甘的追問：

「是不是對我們的產品有什麼不滿意的地方？」

「沒有什麼特別不滿的。」對方仍是不輕不重的說著，接著表示：「我要去開會了。」

科長說罷便離座而去。推銷員如此地向科長詢問就已犯了大忌，他忽略對方支吾其詞的背後真正的原因，導至與對方說話時，採取錯誤的策略，致使對方三緘其口不再多言。

事實上，科長早就中意別家競爭公司的產品，並且已約定前往參觀展示，所以不想再和他做進一步的商談。科長已有了這種心態，推銷員又不明究理的逼問他，使得科長更加強警戒之心而三緘其口。

這位推銷員應該採取下述策略進行交談：

▼先從一般無關痛癢的話題著手。

▼提供能吸引科長注意力的商場情報。

▼請教科長業界動向或公司現狀。

應先造成輕鬆的交談氣氛，解除對方的警戒心，再開始從對方口中套取情報。推銷員先和科長交談到某一程度，直到科長已解除警戒心時，才可拿出自己公司的宣傳手冊並加以說明。若對方是個比較老實的人，可能就會在此時說出其和別家公司的關係。

這時聰明的推銷員就會在科長坦誠的談話中，找出別家公司能吸引科長的條件與優點，再和自己公司互相比較，找出可符合科長要求之商品或條件，以便做為下次與科長接觸時，說服的有利宣傳與籌碼。

以前述女職員請辭的例子來說明，用這種方法也是可行的。例如上司不要一開口就問她辭職的理由，應先與她閒聊，讓她舒展緊張的心情：

「妳因公事所需常打電話聯絡的A先生，我前幾天碰到他，妳知道我是在那裡碰到的嗎？」

「不知道！」

「我在巷口的麵攤吃麵時碰到的，我在吃麵時突然一轉頭，發現A先生正坐在不遠處，他好像沒看見我。我發現他吃得很快。」

「他講話的速度也很快呢！是不是說話快的人，吃東西也會很快？」

說到這裡，女職員的臉上已展開笑顏。先講愉快的事，可讓氣氛變得較為緩和，此時再若無其事的說：

「妳進公司已經三年了。我們常以三天、三個月、三年為一計算時間的單位，妳想辭職的理由到底是什麼？」

用這種方法來探問對方真正的心意，她一定會很自然的說出原因。

此外，從一開始就問對方「為什麼？」「怎麼回事？」的方法，就是以讓對方答「是！」或「不是！」的質問方法來發問。只要對方一打開話閘子，就讓其一路說下去，不要再畫蛇添足，以免阻擋其說明的意願。

▼同意對方的說法時，就說：

「是這樣呀！」，「原來如此。」

▼欲質問對方時，可說：

「那是什麼意思？」「為什麼？」

▼希望對方再繼續說下去，不妨說：

「還有呢？」「再來呢？」

配合場面順著對方的語意，給對方一些適度的回應，一定可以打開其心胸，使其對我們產生回應。

5 ● 對付態度強硬者的說服法

◇◇應付態度強硬者的方法

在工作的場所中，常會遇見一些固執己見而態度強硬的人，他們總是有自己的主張，無論什麼事情都會插上一腳，即使是別人的工作也會力陳自己的意見。

「要顧慮到對方的立場。」「要看對方的面子，自己要謙虛一點。」像這類謙讓的態度，在固執己見者的身上絕對找不出來。我們說一句話，他就會回應三、四句，而且總是義正辭嚴的，似乎全天下他最有理。開始時是我們前往說服，最後說不定反倒被他給「說服」了。

在我們的生活周遭，確實常會碰到一、二個這類型的人，一旦他們說出自己的主張，就非得強迫別人接受不可，否則就不肯善罷干休。所以，這種人也就時常會和別人發生衝突，他們似乎有用不完的精力。

假若說服者一遇上這種人，不知如何應付而打退堂鼓，或是和這種人「鬧」翻了，那就無法說服對方了。和這種類型的人起衝突是相當不高明的做法。對方若堅持自己的意見態度不佳時，我們儘量不要記在心上，自自然然的和對方交談就好了。

假若我們面對欲說服的對象，一開始就心生畏懼，一心逃避或退縮，根本無法面對面的說服對方，更別說要想看出對方的想法。

當那種固執己見的人正大模大樣地主張自己的意見時，我們可以想：

「他又不能把我吃掉！」

然後向後退一步，用輕鬆的神情看著對方。

事實上，這種類型的人雖然頑固不冥，但其個性還不失為爽朗率直。所以，只要讓他們暢言己見，一切都好辦。說服時，只要我們在心裡上有以上的認識，心情就會放鬆下來，交談時的態度就會變得較為自然。

對付這類型的人，千萬不要意氣用事或有萎縮的心理，只要放鬆自己的情緒，說服就已經成功了一半。

以下是說服固執己見者的方法：

▼鎮定聆聽對方說話。

「是這樣啊！」「果然！」「那真是不得了！」……等等，態度鎮定，一邊聆聽對方說話，一邊緩緩的點頭回應對方，似乎已同意對方所說的話。

▼對方雖用強烈的態度和語調，連珠炮似的說著自己的想法，但千萬不要被迷惑，應保持清

醒的頭腦。

「那種事情根本不可能做的，雖然大家都反對，但沒有人敢開口，只有我一個人提出。」對方正高談闊論自己的事情時，我們不妨用下面的說法反問對方：

「只有你一個人反對！真是不得了啊！你如何纏住對方的教我吧！大家都反對，大概不是全部吧！有幾個人？」

▼最初只可提出較細微的事項。

「展示會場設在總公司的體育館好不好？」

「集合的時間定在八點半如何？」

「當天需兩名女招待人員，由你來指派吧！」

▼保留適當的時間，讓對方反駁我們所提出的建議。

「的確！體育場太大了，那就照你所說的××場地好了。」先接受對方的反駁再說道：

「是！九點集合比較好。」

「女招待員由我們來指派好了。」

▼最後才若無其事的提出主題。

「以貴公司主辦而我們協辦的型態來舉辦，如何？」

▼假若到最後對方尚不為我們所說服時，最好的辦法就是馬上退回，下次再來。

「不！還是你們主辦好了。」對方反對的說。

「但許多事項都是貴公司掌握著，應該由你們主辦才是。」

「這是總公司要求的，我看由總公司來主辦好了。」對方依然堅持己見。

我們應就此打住，不必再多說。下次另找適當機會再來說服。

為說服對方而與對方爭執，這是下下之策；若一味的反駁對方，只會徒然加深彼此的衝突。說服時，進退之間要善加應變，對方才會接受我們的意見，這是說服的竅門。

◇◇改變立場轉而攻擊對方

這類固執己見的態度強硬者，大約可分為兩種類型：

第一種是虛張聲勢講大話型。

假若上司是屬於這類型，部屬們可就有罪受了，因為這種又可稱為「囉嗦型」的上司，部屬們無論做什麼事情，他都會吹毛求疵。

若要提出上司理解以外的企畫案，或開口反駁上司意見的時候，要特別謹慎注意，以免引起上司的反感。

欲向這類「囉嗦型」的上司提出企劃前，一定要事先預測其可能的反應與說辭，例如：①事先充分的聯絡、宣傳，②多花時間說服，③平常就要與其建立親密的人際關係。久而久之，對方不得不退讓三分。

另一種固執己見而態度不佳者，就是自我意識較強、堅持己見、富有正義感型的人。

例如，性急的員工對上司或前輩提出自己的意見；我們以下面的例子來說明。

「經理，失陪了！」職員到了下班時說道。

「等一下，你要回去了？」

「什麼意思？我當然要回去啊！每次到了下班還不讓我們回去，我老早就想找個機會對經理說了！」

公司裡的職員都集體攻訐這位A經理，認為A經理的做法無法使大家心服口服。所有的職員各個態度不佳，都不肯好好的和A經理合作，自認為要討回正義與公道。

當董事長一知道這個情形後，第二天，他就採取緊急措施，先要求A經理到大廈的地下室咖啡廳小坐片刻，然後在辦公室裡集合所有的員工問道：

「你們對A經理到底有什麼不滿？不妨通通具體的說出來。」

員工們爭先恐後的提出不滿的意見，歸納起來也只有說出三件對A經理不滿的事情。

「已經沒有了嗎？」董事長再問道。

「差不多了。」

大家自以為是的說出這句話後，不料董事長竟大拍桌子，非常生氣的說：

「什麼？只有三件令你們不滿的事情？一般人至少都有七項缺點。你們這麼多人，竟然只能說出他三個缺點？

從現在起，你們若不願意好好的配合A經理，你們就全部辭職好了。我的公司頂多再從頭開始罷了！A經理只不過有二、三項地方令你們不滿，你們就這個樣子，那不論我派誰擔任經理結果還不都是一樣？你們是要自己辭職？還是好好和A經理合作？不妨自己選擇一項吧！」

員工們看見董事長大發雷霆，大家都安靜下來，心中默默想著：

「我知道了！要服從A經理。」

A經理面對這些頑固堅持己見的部屬，手足無措地不知如何處理。但是董事長卻採取出人意外的攻擊手段，讓對方來個措手不及而自動讓步。

一般而言，固執己見者的思考方式，往往都是屬於直線式的不會多方思慮。當我們和這種人交談時，絕不可和他一樣採直線式的說話方式，否則雙方將無法進展下去。必須從對方沒有想到觀點來著手，得理不饒人一口氣反攻過去。對方會因為出乎意料的被指責，而有睡貓初醒的感覺，反而接受我們的說服。

當然，這時候最重要的，就是要能迅速地透視對方的心理找出其弱點，接著要有膽量果敢的一語攻破對方，這才是上上之策。要培養這種能力，最好是經常面對這種類型的人，多多吸取經驗，千萬不可採取避而遠之的心態。自動和他們接觸，方可累積說服的經驗。

6 ● 提防自己不受對方影響

◇◇對方說：「這項工作你完全不懂！」

欲說服對方的捷徑是，先擾亂對方的思想，並進而將其拉進自己的思想體系中。若能做到這個地步，要說服對方是相當容易的。

但是，天底下沒有如此順利的事，每個人都有其思想體系，並固守其想法，當我們前往說服時，能使自己免於受到對方的影響和干擾就己經很不錯了。常可看見有些原本要說服別人的人，結果反被對方給說服，變得垂頭喪氣的打退堂鼓。這種狀況在職員想說服上司時，尤為多見。

上司一心只想如何將部屬的想法改變成自己的思想體系，所以身為部屬的一定要有心理準備，才不會上對方的「當」。在前去說服上司之前，就應先研究上司可能會採取的方法與態度，進一步了解其思考的方式。上司為了阻擋部屬的說服攻勢，時常會說一句令人不愛聽的話：

「這項工作你完全不懂！」

很多部屬一聽上司這麼說，大多數都無法反駁而無言以對。

第一、「工作」本身就存有很多壓力。

「你這種做法，工作將難以進展下去。」

「現在工作很忙，沒有辦法！」

「你就把這當成是工作來做吧！」

「交際也是工作的一部分。」

「他對這項工作是相當精通的。」

以上的對話中，都很鄭重其事地拿出「工作」這項大帽子，把工作看成是神聖而嚴肅的。這正是「工作」一詞令人不可抗拒的原因。

對上班族而言，「這項工作你完全不懂！」是一句大家都很怕聽到的話，因為讓別人認為自己完全不會做或不懂工作是很丟臉的。

「你連這麼簡單的工作都不太了解，還想說服我？好吧！那你試試看！」

上司常會用這種傲氣凌人的心態企圖反說服部屬，換言之，就是干擾部屬的思想體系。

第二、「不知道」「不了解」，這類簡單的話具有重大的影響力。

人們一被別人斷定對某事情「不了解」、「不知道」，就會覺得自己彷彿比別人低了一截。相反地，說這種話的人或上司，其心態好像是高高在上，自視比他人高一等。這正是上司的目的，先蔑視別人，提升自己的地位，進而增加自己的信心。所以，我們千萬不可受其影響。

◇使自己立於不敗之地的方法

應付上述故意蔑視部屬的上司的方法如下：

第一、不可馬上退縮。遭下司蔑視時，先承接下來，按兵不動。

「對這項工作，你完全不懂嘛！」

「是！所以請你教我！拜託！」

「你自己想想！」

「到底那裡有問題呢？」

上司被我們如此反問後，必然會說出其觀點，到了下一次，對方可就不敢再說我們什麼都不懂了，因為這次是遵照其方法來做的。假若仍遭上司責備時，部屬可以反駁說：

「這是照你說的來做，原來上司所指示的方法也會有疏漏之處。」

第二、對其蔑視之語，先不表任何反應。上司若說我們對工作不了解時，可先反省：

「那裡出了問題嗎？」

有的人不論大小事，一被上司斥責，馬上就退縮的承認自己不行，覺得自己真的什麼都不知道，如此就真的會被拉進上司的思想體系中，變得無法堅持己見。碰到這類情形時，應先冷靜的將事情檢討一下，反省自己是否真的不懂，切忌一開始就退縮讓步。

如何應對

1 我現在很忙 —— 那什麼時候可以呢？

2 自己做做看好嗎？—— 除了你沒有人會做。

3 我沒有信心 —— 任何人都未必有十足的自信心。

4 沒有前例可循 —— 剛開始的事情當然無前例可循。

5 沒有規則 —— 沒有例外當然也就不需要規則。

6 沒有預算實在很困難 —— 你能夠挪出其他的預算嗎？

7 時間不對 —— 現在就是最好的時機。

8 你什麼都不懂 —— 所以要你教我。

9 你不應該說那種話 —— 那不是我說的，而是大家的意見。

10 經理說了那些話？—— 經理的意思非常明確。

11 沒有其他合適的人嗎？—— 除了你沒有更合適的人選。

12 我不記得這樣說過 —— 我記得，A、B先生也都聽見過。

13 沒有道理 —— 所以我跟你說這是非現實的道理。

14 這是任何人都無法做到的 —— 有誰說他無法做得到。

15 這種作法行得通嗎？—— 這是最好的一種作法。

16 現場一定會出現反對之聲 —— 最近現場的情況已經開始改變了。

17 其他公司可靠嗎？—— 再給他們一次機會吧！

例如，要施行一個新的企劃案，上司要求先調查市場狀況，然後再設計一個推廣計劃。當你先針對所有分店的情況提出一個計劃時，沒想到上司說：

「你對工作沒有完全了解！」

「那是不是可以請您提出問題的關鍵所在，具體的指出來。」

「每個分店狀況與規模都不盡相同，你……。」

「是啊！這只是統一的處理方法，還是具有彈性的，我認為應該是沒有影響。」

用這種說法應付上司，再把主題拉回自己的主張上來，就不會受到上司的干擾。

第三、注意上司所講的話。

上司的意見，一定也有其弱點或死角，一旦探測出上司的弱點，應該堅持自己的立場，馬上以穩定的態度反駁或質詢。例如：

「舊式樓房住了好多戶人家，改建時會不會產生許多麻煩？」或：

「處理方法不同，會不會產生混亂？」

採取進攻的質問型式，對方的主張也會有被擊潰的時候。

◇◇對方提出無理的要求時

我們嘗試說服對方，但其不但不為我們所說服，反而提出無理的要求時，該怎麼辦？

有時對方提出無理的要求，最主要是想擾亂我們的計劃，或者是想試探我們。這種情形應該如何應付？

▼儘量以誠懇的態度應付對方無理的要求。

▼無法接受無理要求時，要說明理由。

▼對方若是有突發異想的習慣，只要採取笑臉攻勢不必加以理會。因為對方來得快去得也快，隨時都有可能忘記剛才的無理要求。

在公司裡，也常會碰見這種無理要求的上司。假若我們一聽到無理的要求時，馬上就表現出很生氣嘟著一張嘴或鬧彆扭的樣子，實在有失風度。

不妨舉例說明。某公司人事調動的結果，業務部門調來一位向來被人稱為「強人」的上司。這位上司總是無法完全信賴員工，更不敢將工作完全託負職員處理。其中有一位職員A君，他一向工作認真積極，但是總無法取得上司的認同。

有時A君認真完成一項工作後，這位強人上司除照例嘮叨幾句外，還會突然說出一些無理的要求，使得A君非常厭惡他的上司。雖然如此，A君依舊百般忍耐。

大約半年之後，「強人」上司對待A君的態度突然好轉，原來他是在測試A君。精明能幹的上司，有時確實會用這種方法來試探自己的部屬。所以，說服並不一定完全靠口才或語言，也可以用行動與態度來「說服」對方，像A君就是一個很好的例子。

7●如何對付好挑剔別人語病者

◇◇玩笑式則不需理會

有些人專門喜歡挑剔別人的語病，這種人大約可分為兩種。一種是開玩笑的，這種人挑剔別人的語病，只是為了開玩笑而已。

假若我們每次一碰到這種情形就大動肝火，將無法和別人和樂的相處，更別說要圓滿的完成說服。因此，遇上喜歡開玩笑抓人語病的人，不妨跟著對方一起哈哈大笑，接著再以自己的方式繼續說服對方。

另外，最糟糕的是第二種類型，我們想說服他們，對方卻只一味的抓住我們的語病加以拒絕。

若碰上這種人與情況，我們該如何應付？

◇◇「假設語氣」所引起的齟齬

上司想要求職員做事時，總是盡可能的避免用「命令」的語氣。常可聽見：

「假如可以，希望你做………？」

「希望你幫我做……！」

但是這種「假設語氣」，常會發生很多問題。

例如，上司把一張明信片交給一位女職員，並拜託她：

「假如回家路上經過郵筒，請妳幫我投進去。」

上司雖然是用假設語氣，真正意思卻是：

「妳去找郵筒，把信投進去。」

第二天早上，上司問起明信片的事時，不料女職員卻說：

「因為一路上都沒有經過郵筒，所以還沒投。」

乍聽似乎有點可笑，卻是千真萬確的事。

「現在的年輕人都是這個德性。」

很多人碰到類似上述的事情時，只會用這種想法來自我安慰，卻不知該如何應付。

這位上司心中應把握以下幾點想法：

- 「假設語氣」是一種錯誤。
- 為了緩和語氣，所以才會用「假設語氣」。

•總之，最主要的目的是非要對方答應我的要求不可。

上列的三點一定要讓對方明白。假若上司本身的態度就曖昧不明，對方如何知道其真正的心意?當然就可能像這位女職員一樣，捉住上司「假設語氣」的語病，成為拒絕或是推託的藉口。

A君叫住剛從身邊走過的B君，B君比A君晚進公司一年。A君說：

「你有時間的話，就把這個資料整理一下。」

B君並未做任何的回答，雙手接過A君手中的一堆資料後，就回到自己的座位上繼續辦公。

A君以為B君已經答應了。

到了下午，A君催問B君說道：

「我給你的資料，你整理了沒?」

「我找不出空檔的時間，所以還沒整理。」

B君以A先生的「假設語氣」做為藉口。

這時候，A君就很乾脆的向B君說：

「我叫你有時間才整理，這只是尊重你的客氣話，並不表示你若沒時間就可以不做。你頭腦這麼清晰，難道不明白這個道理?你分明在挑我的語病，拒絕我的請求，實在是一件很令人遺憾的事。

有一次，我打電話回家，接電話的是我那個讀小學三年級的女兒，我問她說：

『佳穎嗎？妳正在做什麼？』

不料她卻非常有趣的答道：

『傻瓜！我現在正在講電話啊！』

這話是出自小孩的口中，所以令人一笑置之。假若是一個成年人說出這種話來，我們一定以為他的神經有問題。

『現在正在做什麼』的意思，是說接電話以前在做什麼事情，這是任何一個成年人都知道的。若有人故意挑這種語病，會讓別人覺得很奇怪的。

我是顧慮你的自尊與面子，才用溫和的假設語氣拜託你做事，但是你這種小孩才說得出口的天真理由，豈不誤會我的意思。

這次，我不會生你的氣，但希望以後這種情形以後不要再發生！」

B君被說得啞口無言，彷彿欠了A君一次人情似的。以後，B君再也不敢挑剔別人的語病了。

◇◇上司抓住我們的語病時的處理辦法

有些上司專愛為一些芝麻小事，抓住別人話中的語病得理不饒人。

「這個計劃有沒有謹慎的審核過？」

職員被上司這麼一問，很謙虛的說道：

「是！我以為應該是很謹慎。」

上司一聽職員如此回答，馬上抓住他的語病：

「什麼？你說你『以為』是什麼意思？」

「……。」

「光是你『以為』怎麼可以？」

「我！我確實是很謹慎的審核過了！」

「剛才說『以為』，現在馬上改口說『確實』，實在靠不住。」

另外，還經常發生如下的例子。當我們提出一個企劃案欲說服上司時，上司卻自己也拿出另一企劃案說道：

「你的案子不錯。不過，你先看看我這個企劃案怎麼樣？」

雖然心裡很反對上司所提出的企劃，卻不敢做正面的批評，因此回答：

「是！我覺得好像還不錯！」

上司似乎就是在等著我們掉進陷阱一般，馬上挑剔話中的語病：

「『好像』是什麼意思？」

「沒什麼特別的意思！」

「大概不是這樣吧！你說好像還不錯，那是還有其他的問題囉？是不是這個意思？」

假若這時只是一味的和上司爭論這種「語病」的小事，根本就無法好好的說服對方。我們可以巧妙的轉變話題，讓談話回到欲說服的主題上。例如說道：

「現在我把剛才提出的案子的重點部分，重新報告一下好嗎？」

「要不要我把本案的資料再整理一下？」

「對了！我還有一件事還沒報告。」

中途切入別的語句，將上司的焦點再度拉回自己的企劃案。最重要的是，平日就要特別注意自己說話的習慣。如：

「我覺得很抱歉，但……。」

「我想應該是那樣，但是……。」

「我想我已經知道了，但……。」

像上述的幾句對話，句尾都有「但是」這個轉折語，容易給人不肯定的感覺，好像表面上已贊同某事，實際上卻包含著反對的意思，讓人聽了很不舒服。與別人交談時，若有這種語尾「轉折詞」的毛病，往往成為別人的攻擊點。若能避免這類不好的習慣語病，甚至以果決乾脆的態度來說服對方，對方就再也無法挑剔語意不清的毛病了。

福澤諭吉的忠告方法

福澤諭吉是日本慶應義大學的校長，他就住在學生宿舍的隔壁，在他宅內的院子裡，經常會有許多鳥兒在那裡飛來飛去，學生經過的時候都可以看得見。對學生而言，這些鳥兒實在非常聒噪，有些學生甚至想殺幾隻鳥來吃。

有一次，以一位叫做松永的學生為首，集合了幾個學生偷偷地抓了幾隻鳥去煮火鍋，他們把鳥的頭扭斷，將羽毛和骨頭埋在洞穴裡，這些同學相互安慰地說：

「絕對不會被人發現的，所以我們不會有罪。」

幾天之後，這些共犯都被福澤諭吉邀請到家中吃晚餐，這些共犯不禁懷疑地說：

「請我們去究竟有何用意？」

「難到是被發現了嗎？」

「大概是巧合吧！」

這些同學在不了解真相的情況下，想要拒絕又顯得不自然於是一致決議：

「乾脆答應吧！」

當他們來到福澤諭吉的家中時，福澤諭吉已站在門口，笑臉地迎接他們進到屋裡來：

「歡迎！趕緊進來吧！」

學生都非常緊張，他們偷偷地說：

「難道是被老師發現了嗎？或者老師根本不知道？」

隨著福澤諭吉進到屋內，此時晚餐早已準備好，是用鳥肉所煮成的火鍋，大家偷偷對看了一眼，福澤諭吉一副若無其事的樣子，拿起筷子，夾了一塊鳥肉放在嘴邊說：

「該吃菜了，大家一起動筷子吧，我先嚐

一塊看看。」

「嗯！味道還不錯，大家不要客氣，趕快吃吧！」

學生們雖然非常緊張地動筷子，但食慾都非常好，一道道豐盛的菜就在校長熱情的招待下，幾乎都吃得精光，校長笑著說：

「如何？再來一隻吧！」

學生答道：

「不了，我們已經吃飽了。」

於是學生們起身告辭說：

「謝謝校長這麼豐富的晚餐。」

福澤諭吉就說：

「你們如果想吃鳥肉，以後每個月可以來我這裡一次，不要客氣，但是千萬不要抓別人家的鳥去吃。」

這些學生一聽都嚇呆了，從此之後，沒有人敢再抓小鳥了。

要給予一個人忠告是非常不容易的，最好避免直接、嚴厲的方式，因為採取直接、不知變通的方法，以強硬的推動力去說服別人，必然會招人反感，甚至引起他人的怨恨。如果你因不願遭別人反感、怨恨，於是儘量不去說服，那就更無法推動一切的事情。像福澤諭吉的例子，我們可以從他的出發點和表現的方法來學習，那麼即使有再難開口的忠告或說服，也可以成功的。

第四章● 以T·P·O來説服的方法

1 ● 活用時間使說服成功

◇◇培養等待的精神

「非說服對方不可！」

越是這麼想，往往使得心情更為焦躁，一旦心浮氣躁或超之過急，反使說服一事觸礁。前往說服他人的時候，會產生焦躁的情緒是可以理解的。所以，應該學習如何觀察時機，培養「等待」的精神。

T先生是一家電梯工廠中的技術師，目前擔任企劃小組的主任。

「希望T先生能開發這型的產品。」

「這些零件的標準是……，希望T先生能督促貴公司生產。」

T先生的工廠一接到上述的訂單，馬上組織一個企劃小組。

這個企劃小組的成員，來自各部門的菁英分子。每個成員只關切有關自己部門的事情，而且都有莫名的自負心理，似乎只有自己的意見才是最好的。所以開企劃會議時，各人都力陳己見，動不動就爭得面紅耳赤，誰也不肯讓步。

遇有對立的主張時，總會造成僵持不下的局面，即使提出意見的人是組長T先生，照樣被反對者炮轟。開會的時間一分一秒的過去，企劃卻一直無法定案。

最後，T先生以強制的方法，要求大家採用他的主張。成員們雖然都同意施行，但不久之後，大家都在鬧情緒，成員之間彼此產生隔閡，使得T先生大感困擾。

T先生最近終於發現問題的根本所在，以及處理解決的竅門。他特別觀察科長的作法，學得其中的秘訣。

科長若碰上前面T先生遇到的狀況時，會讓所有的成員們先自由發表意見，同時也會適時說出自己的見解與做法，但並不固執己見。科長讓所有的成員盡情的大發宏論，會議也因此僵持了二、三天仍討論不出結果來，這使得會議的氣氛有所改變，成員們都不想再拖延，希望盡快想辦法結束這個企劃會議。

科長一看時機成熟，馬上緊抓住機會說道：

「各位提出這麼多意見，都可以做為很好的參考，不愧是各部門的中堅份子，大家都很用心。不過，實在是浪費太多的時間了，我看還是這麼做……。」

於是科長又提出自己先前所說的意見與主張，並要求所有的成員接受。雖然大家還是有意見，但礙於上司的情面全都接受了，並且還會覺悟的想：

「還是遵從上司的主張好了，已經浪費這麼多時間，若是一直這樣爭下去，一輩子都會沒完沒了……。」

「大家都很用心，不愧是各部門的菁英分子，各位所提的意見，都可做為我的參考。」

科長再次的褒獎與會的所有成員，以滿足他們的自尊心與面子。這是極重要的一點，千萬不可忽略。

假若我們要說服他人時，一開始就擺出「我要說服你」的架勢，對方一定也會心生警戒，擺出架式甚至反擊的姿態。

的確，「時間」可解決許多問題，「時間」可以幫助對方漸漸的接受我們的意見與說服，尤其是與對方產生明顯的意見衝突時，等待時機是最佳的良藥。

不過，「等待」並不是空等。一定要充分掌握對方的心理變化與情勢的轉變過程，注意場合的氣氛……等等，看看是否已達到能說服對方的狀態。

假如時機尚未成熟，就裝做若無其事的說著：

「差不多是這些？」或說：

「聽起來，你的意見還蠻不錯的。」

等到時機成熟時，則說：

「因為時間拖得太久了，所以……。」

抓住時機，果斷而乾脆的去說服對方，此時對方已不若先前頑固的抵抗，一定可順利說服對方。

◇◇培養觀察時機的眼光

若不能好好把握說服的時機，時機很快就會溜走。所以，懂得把握時機者，皆具備以下兩項要件：

第一、敏於尋找時機。

第二、要有果決的說服膽量。

這兩項是缺一不可的，一旦判定時機來，千萬不可猶豫，否則機會難再。

例如，某職員還需三天的時間才能完成上司交待的工作，所以他想說服上司寬限工作天數。他一早就到上司的辦公室去。面對上司，這位職員說話時竟顯得吞吞吐吐的：

「嗯！這個……。」

半天說不出一個所以然來，一副不知該從何說起的樣子。

這時，上司雖明白職員的意思，但是，看他一直說不出口的德性，就藉機採取先發制人的攻擊：

「對了！我忘了告訴你，這件企劃案明天就要交出來，知道嗎？」

最好的說服機會

1 當你要制敵機先說服別人時，大清早是最好的時機。

2 欲將私事拜託他人，或與之討論較困難的事情時，在做完一件事的休息時間是最好的機會。

3 當你要別人同意你所提出的事情時，在外出前、開會之前、或者當對方非常慌亂之際，都是最好的時機。

4 一般低血壓的人，通常在中午時身體狀況比較差，所以如果有比較複雜的事情要處理，最好是在午後比較恰當。

5 事情要有本末之分，你可以將較不重要的部分，預留到下一個階段再來說服：

「原來在上一週就應該有結論的，但是………」

以這種方式說服定能讓對方接受。

6 同樣的，在週末，你可以說：

「如果拖到下星期，將會有更多的麻煩，所以必須在這個星期………」

這也是廹使對方接受的一個好機會。

7 當對方對你心懷感激時，是說服的最好時機。換言之，說當對方處於低姿態時，你去說服絕對會令對方難以拒絕。

8 你可反過來利用對方說服你的時候說：

「剛好，我也有事想拜託你。」

9 如果你能夠掌握到對方的工作流程，確定對方什麼時候忙，什麼時候有空閒，便能掌握到最佳的說服機會。

10 過一段時間後再去找尋機會，這是最需要注意的事情。在高爾夫球場上遇見的對象，如果你第二天就去向他推銷，往往會被拒絕。但如果隔了一週以後再去拜訪，你只要簡單地向對方打招呼，就能夠與對方保持良好的關係，這也是最聰明的作法。

11 對工作場所的氣氛、一個人的心情、對方的神色、觀念、生活態度等，都必須有敏銳的感覺，如此才能掌握到說服的契機。

他本來想說服上司將工作延到第三天的，結果不但沒有說服成，反被上司要求提前完成，只好垂頭喪氣的走出上司的辦公室。

其實這位職員一見上司，應馬上開口說道：

「上次您交代的工作，無論如何還需三天的時間才能完成。事實上，再加三天還是有點趕，但我們全體工作人員一定會全力以赴的。請經理再給我們三天的時間吧！」

想要說服他人，就應該把握住時機，直接了當的說服對方。先下手為強說服，才能一舉成功。

◇◇簡要地再三反覆是說服的技巧

有一位科長A先生，只要他看中意某單位的人才，A科長就傾全力地去說服那人來為自己效勞。對於A科長的說服力，全公司的人都甘拜下風。

事實上，A科長並非具有高超的口才，只不過當他在說服他人時，絕對不用強硬的態度去廹使別人答應，而是分好幾次的時間去說服對方，每次說服的時間與內容都是簡短扼要、乾淨俐落。不過，A科長總是會一再的或多次的前往說服。

說服的內容雖簡要，但一經A科長一再反覆的表示，卻已在對方心中或意識裡烙下深刻的印象。這倒也是說服的方法之一。

「那件事就拜託你了！」

「這件事情應該具有相當的發展潛力。」

「我等你的答覆！」

採用如上述的簡單說法，一次又一次的向對方說。

日本北海道釧路的霧是相當著名的。人們身在其中，最初並沒什麽感覺，等到感覺有霧氣時，身上的衣服早就完全浸濕了。這種霧氣最厲害的地方，就是使人在不知不覺中浸濕衣服。假若有人提整桶水潑人，被潑者一定先有知覺並產生強烈的抵抗。而薄霧最初令人一點感覺也沒有，但卻實實在在的浸濕了衣服。

A科長的說服就像釧路當地的薄霧，一點一滴慢慢的浸入對方的心裡。

許多被A科長說服過的人，都是在不知不覺之中被說服的：

「唉啊！實在敵不過他。」

「不知不覺上了科長的『當』。」

被說服者事後雖常會發一些牢騷，但內心一點也不會覺得不高興。

一位優秀的營業人員曾說道：

「每次去拜託客戶的時間應儘量簡短，但要增加拜訪的次數，每次都反覆同樣的話題。也就是說常去拜訪客戶，但盡可能縮短說服的時間，這種說服技巧適用於公司內外。」

◇◇了解對方以選擇適當的說服時間

某位董事長外表給人的感覺是相當冷靜的，他很少流露出內心的感情，頭腦清晰而反應靈敏，公司中的職員都很懼怕他。職員們有事想說服董事長時，完全不知道何時才是適當的時機？

像這種狀況，無論如何一定有方法可以找出說服董事長的適當時機。全公司上下只有一個人非常了解董事長，他能抓住董事長的心理變化與情緒的起伏。這位便是副總經理。

副總和董事長共事多年，一起同甘共苦度過許多難關，也是董事長最得力的助手。所以，大至公司的政策，或小至董事長私人的生活習慣、癖好等等，全都瞭如指掌。因此職員們若想找出說服董事長的適當時機，就應該先請教副總經理才不會白費心機。

所以，即使向同一個人說明同一件事時，也一定要視其當時的狀況而定，採取不同的策略。假若我們平常就已經很了解欲說服的對象，清楚對方在某種狀況下會產生的反應，我們就可輕而易舉的找出說服對方之適當時機。

「重視生活的人，就要重視時間的運用。」

這是富蘭克林說的話，同樣適用於說服。善於說服的人，正是最懂得運用時機的人。

2●選擇有助於說服的場所

◇◇說服的場所會影響對方的心理

「你這是什麼態度？」

客人勃然大怒的責罵一個年輕的店員。

「在這裡無法好好的說，所以請跟我來。」

一位公司的資深店員，心想帶客人到安靜一點的房間一對一的談，或許可使客戶心平氣和一點。進門後，店員順手的就將房門關上。不料，客人的叫聲比剛才在外面還大：

「你到底要做什麼？想把我關在裡面嗎？」

這到底是怎麼回事？人們不總是喜歡到安穩幽靜的場所談話嗎？

先看看那間房間的擺設。房間並沒有特別的裝飾，只在牆角放了兩張椅子，給人的感覺相當陰冷，加上門一關上，整個房間令人覺得像是一間密室。對店員而言，因為每天出入已經相當熟悉，但對於初來乍到的客人而言，這間密閉而陰冷的房間，令人感到不舒服。

這個例子，顯露出環境對人們的影響有多麼重大。舒適寧靜的場所，才適合兩個人一對一的交談；假如選在一個陰冷而氣氛嚴肅的地方，只會使兩人更加彆扭、緊張。

有時欲說服別人時說道：

「找一個只有我們兩個人的地方談談吧！」

這個「地方」可不是毫無選擇性的，應該慎選易讓對方打開話閘子或易獲得對方肯定的場所。

◇選擇寬敞舒適的場所

說服時的場所，若選擇寬敞舒適的地方，就會使對方感覺很舒暢，也因此容易接受我們的要求。尤其是說服者的地位、年齡與實力都居上位時，更必須選擇舒適的場所來進行說服。若能親自到對方的「地盤」去交談則效果更佳，如對方的辦公室或家裡等。

任何人在自己的家裡或辦公室時，心情總是比較愉快自在，同時也較容易鬆懈不想被人說服的防禦戒備。尤其是居上位的說服者竟能親駕光臨，禮賢下士，不但滿足人類莫大的虛榮心，更使得被說服者對說服者產生好感，因此就很容易被說服。

有些人對空闊的場所會產生「空曠恐懼症」，例如大飯店的大廳裡，所以，他們總會將坐位選在大廳牆邊或角落之處。又如到公園或搭車時，都是坐在靠最旁邊或是最幽靜的地方，否則就會產生一股「不安全」的感覺。因此，想要說服他人，就要讓對方坐在有安全感的角落處。

例如，和對方一起到咖啡廳，假若讓對方坐在大廳的正中央，四周有人來來往往，將使對方心慌意亂不易穩定下來，更會產生「不安全」的感受。這時想說服他，恐怕就不是那麼容易。

假設是居下位的部屬想說服上司，則部屬應以自己工作的地方為說服的場所，才會比較有利。話雖如此，但事實上不可能凡事都勞駕上司，這時候就得靠自己製造出舒適的氣氛。

例如進入上司的辦公室時，上司正權威十足地坐在豪華的辦公椅上，這時，我們就不要選擇上司正對面的坐位，可以坐在上司及桌子的側面或旁邊，這樣比較能減輕壓力的和上司交談。

因為，上司坐在他的座位上，無形中已增加其「職位意識」，其面對部屬的說服時，很容易就會採取嚴肅及權威的態度。因此，部屬若想說服上司，最好是能讓上司離開他的座位，先聊一些家常話，待上司無形中解除前面提到的「職位意識」之後，就可以開始說服他了。當然，若有私事想請求上司答應時，最好是離他的「龍座」愈遠愈好。

▼在辦公大樓的走道上。

▼和上司一起吃飯。

▼在打高爾夫球的回途中。

類似以上三種場合，就是說服時最佳的選擇場合。若無其事地對上司提出要求，往往比較容

在輕鬆的氣氛下說服他人

易獲得其同意。

◇◇酒的場合適於說服

在飲酒的場合中，大多數人都是放鬆心情開懷暢飲，這時候進行說服工作是相當有利的。因為酒精在體內發生作用，無形中減低緊張情緒，使得雙方都能藉酒敞開心扉，彼此的談話都較平時坦誠而率直。

尤其是碰到以下狀況時，更需要利用飲酒場合來從事說服的工作：

・欲事前問出對方的真正心意再進行說服時。

・有私人請求想說服對方時。

・事先知道正式的向對方提出要求，會遭到對方的反駁時。

碰到類似上述情況時，就可藉著「酒精」

的力量，使雙方的關係達到水乳交融的境界，對說服是相當有幫助的。不過，要特別注意的是，喝酒應適可而止，避免飲酒過量反誤大事。

有的人一喝酒就藉機裝酒瘋：

「我今天一定要說出所有的事！」

很多人藉酒裝瘋說出平日沒有勇氣說出口的事，進而要求對方接受與同意。藉酒裝瘋有時確實能達到說服的效果，但假如太過濫用此法，就會失去效果反而遭到批評：

「他的酒品不好。」

「那人沒有酒量，一喝酒就亂叫亂鬧！」

一旦被人這麼指責，極可能影響工作場所的說服工作，降低說服力。

在某些酒會或宴席上，上司會當衆宣佈：

「今天在酒宴中，請大家不要拘束地開懷暢飲，想說什麼就說出來！」

「想說什麼就說什麼！」

職員們聽上司這麼說，就真的開始高談闊論……。一旦酒宴當天，職員的話說得太露骨或太過分，第二天，大家必然會發現公司的工作氣氛很差，甚至有的上司還會追究過分批評的人。這點要特別注意。

以下提供一個實際的例子，俾供參考。

一位快退休的資深前輩，在酒席上說道：

「我過不久就要和各位分別了！趁著今天這個機會，請各位將心裡對我的看法，毫不保留都說給我聽吧！」

由於是在氣氛輕鬆的酒席中，而且前輩也說希望聽聽大家的真心話；所以，公司中的晚輩在酒後心情開懷舒暢下，不知控制「真心話」的限度，將平日對他不好的看法，一五一十的全盤托出。使得前輩越聽臉色越加發青：

「你對我的看法真的是那樣子嗎？」

「本來嘛！你這個人本來就是……。」

晚輩也不肯承認自己理虧，於是雙方都用激烈衝動的語氣互相指責。

「是你請我說實話的，結果……。」晚輩心裡這麼認為，所以也就得理不饒人。

這種場面，如果你是晚輩，也一定很難控制的恰到好處。至少，不可全部說「實話」，否則就會變成上述不可收拾的局面。

到底我們應該怎麼做才能使大家都感到圓滿呢？

「請讓我明白的說出真心話！」

先以這句話為前題，以期先適當的刺激對方的心情。但是接下來對前輩的批評，不可超過全部真心話的三分之一，說到點到為止的程度即可。如此一來，對方不但能明白我們話中的意思，留下深刻的印象，同時也不會演變成不歡而散的局面。

◇◇利用公衆場合從事說服

利用公衆場合人們的力量，可以達成說服的目的。

第一、對方是在公衆注視的地方，就想表現自己是有風度的人；或是在大衆面前，喜歡被奉承的人。碰上這種對象，我們就要先把對方棒得高高在上，讓對方不好意思拒絕我們的說服。

例如，經理走近科長的座位時，想說服經理的科長馬上拿來一把椅子請經理坐下，在所有職員的面前，這位科長即開始說服經理。

「經理！您的身體真好！前天晚上招待客戶到酒吧喝酒，一直到深夜才回去。第二天一早，您又去打高爾夫球，今天開會，完全看不出您有絲毫疲勞的樣子，您這麼好的精力，若能分給我一半就好了！經理經常說要保持充足的精神，我就是少了這分精力。」

在所有職員面前先捧捧經理，讓他覺得很有面子，然後反過來馬上提出想說服的本題。

「常被經理您的精力所懾服，所以一直不敢說，有一件事想請求你。」

在這個時候，科長轉頭以向其他職員求救似的眼神看了一下，所有的職員也都表現出「好！一切都拜託科長了。」的表情。此時經理面對科長的請求，心理一定會有如下的轉變：

「來得真不巧，不過現在心情很好，雖然我不太贊成他所提的事，不過……還是答應好了。

」

第二、若對方是屬於自信型的人，就要在有兩人以上的場所來讚揚他。欲讓對方恢復自信或幹勁時，可用這種方法。

「稱讚他人要在衆人的面前」，這是公認的稱讚鐵則。但若只是一味稱讚優秀的部屬或特定的人，會使他人感到不甚愉快。

「只有他一個人時常會受到稱讚！」

不僅讓在一旁的其他人頓失幹勁，還使得讚揚得到反效果。

「他既然被稱讚，我們就學他做，一定也會被稱讚的！」

讓他人有這種想法的稱讚方法，才是在別人面前稱讚的主要目的。

第三、說服時，讓多數第三者聽到。這是用來封鎖對方藉口的方法。

有的上司當場答應說服，事後卻反悔的說：

「我並沒有答應！」

「那件事情，我根本不知道！」

這就是說服對方時只有彼此二人在場，所以造成事後對方逃避的結果。為了不傷彼此的感情，選擇在衆人的面前來說服對方，並當衆得到對方的同意，往後當對方反悔時，就可以說：

「真的！你確實已經答應了！若有必要，我可以請當天在場的人來做證。」

當我們已引用公開場合說詞的情況，對方還是說：

「不！我沒有說過！」

碰到這類死皮賴臉的上司，我們可說：

「對不起！那一定是我口齒不清說不清楚，往後我會注意的，現在我要再拜託你。」

講這番話時，故意將音調增大到周圍同事都聽得到為止，當大家都在場的情況下，上司會感到不好意思，怕被人批評，故不得已的說：

「算了！就照你說的做吧！」

懂得用這種方法來說服對方，可謂大獲全勝。

3● 說服各種類型人的不同方法

◇◇分辨他人的類型

「這個人屬於×類型！」

想一針見血的看透別人，並不是一件簡單的事。十個人有十個樣，每個人都有不同的個性，即使一個人，也有許多面，真讓人猜不透。所以，隨便地就將他人歸納到某一類型，是相當冒險而危險的。不過，只要多累積經驗，還是可以輕易掌握他人的個性，並可做一個大略的分類。

要掌握對方個性的類型，平日就應多多注意對方的言行舉止，發現與他人的共通要點，再經分類歸納，就可辨認對方的類型。這種累積的經驗，是說服他人時辨別其個性不可缺少的要素。

「辨」一字有分別的意思。為了了解他人，應先將他人的個性分成若干類型，並加以了解個別的特徵，這道程序是一般開始分辨他人的情形。

面對自己的上司、部屬、客戶時，要仔細觀察其個性的特點，將類似的地方加以歸納，就會發現某些人具有一共通的傾向，接著再加以分類，自然就可以捉住他人的類型。

我們一旦知道欲說服者的類型，就可以採用適合此類型的方法來說服對方。

◇◇說服頑固者的要點

有一年輕職員工作至為認真，但總是只顧自己的工作進度，完全不考慮別人的立場。假若他事前能和他人打聲招呼倒還好，但他就是不這麼做。

「請問這件工作該怎麼做好呢？」

和別人商量事情時，若用上述的語調來說不是頂好的嗎？但他偏不這麼說，而是：

「我就是要這麼做！」

他這種專斷獨行的態度，使得一位前輩每每有被蔑視的感覺。

這位前輩是和年輕職員一起合作的工作伙伴，所以經常規勸職員，要他多多顧慮別人的立場。可是不管前輩怎麼說，他始終沒有改進的意思。有一天，前輩終於按捺不住，對他破口大罵：

「對你說了多少次還是不了解，我以後再也不說了！我對你提出建議，你心情不好，我也不見得愉快，我以後再也不說了！」

沒想到前輩聲明放棄規勸年輕職員的心意之後，職員的態度反而有了大幅度的轉變。使得前輩百思不解：

「過去，是不是太嘮叨了？」

其實這位年輕職員是屬於「頑固型」的個性。「頑固型」的人，對工作上的進行方法都有其固定的方式與態度，不具有配合他人的圓融性。無論別人再怎麽規勸，絲毫不會改變自己的想法與態度。這類型的人，對於別人所交代的工作，一定能全力以赴的完成，但會使得和他一同工作的伙伴感到非常無趣，所以也都叫他「老頑固」。

這種人的體質屬於「羊癲瘋」型，有頑固與自我為中心的傾向，屬於很難說服的類型。有時，為了維持其「頑固心」，特別重視權威，以權威做為依恃，成為保護自己反抗他人的力量。

「那種想法真奇怪！」「這樣做比較好！」

他們往往將別人的建議當成是一種攻擊，並以此來決定自己的態度，甚至加以反擊。像前述那位前輩突然表示不再說他了，隨他自己去做。這使得「頑固型」的職員有種被拋棄的感覺，心裡開始慌張起來。所以，這位職員才會在態度上，有如此之大的轉變。

前輩這麽說純屬偶然的情況，卻意外的達到改變對方的效果。歸納說服此類型的要點如下：

▼因為此類型的人都是很認真的在工作，所以欲說服的人本身千萬不可偷懶，要按照工作進度如期完成，否則就會失去對這類型工作者的作用。假如我們的上司或部屬是這類型的人，偏偏在其心中又有不好的評價時，此法則不利於說服對方。

▼這類型的人有強烈依靠權威的傾向，因此說服的同時應引用其重視的「權威」，將可達到說服的效果。首先，應掌握住對方所依靠之權威來源，再引用此權威來說服他，做為說服的有力

支持，這樣才能順利的說服對方。

▼這類「頑固型」的人，易趨於保守、固定的態度，所以，在進行說服時，不可單純而直接的說出主題，應以整體的關鍵，或長期預測的狀況為話題慢慢談起。若是個性急躁的單刀直入，只會引起他更頑固的防備。因此，宜用緩慢、平穩的態度，表示了解對方的想法，才是最佳的說服方法。

▼這類型的人具有上下尊卑的意識。假若我們是其前輩，說服他的態度就要堂堂正正地像個前輩，假若是其晚輩，就該保持禮貌的態度去說服他。因輩份不同，說服的方式要拿捏準確，這點千萬不可忘記。

◇◇各類型的說服方法

將人們的性格分成若干類型的方法，在心理學上是司空見慣而熟悉的事。本書將人的性格分為六種類型，同時分別針對各類型的性格陳述說服要點。

⑴自我表現型——愛出風頭的人

自我表現型的人，時常喜歡做團體中的中心人物，屬於個性爽朗而愛出風頭的人。看起來相當可愛而受人歡迎，但也有較陰暗的一面，有時為了顯示自己，使自己更加突出，不惜設計踢掉別人，具有野心家的特色，此為其任性之處。說服自我表現型的要點是：

▼多給予這類型者出面的機會，並在這種場合說服他。

說服這類型上司時，可以故意做錯，給對方一個指責的機會，當被指責時，可率直的說：

「對不起！還好您現在指正我，假如是在會議上被指責，我一定會慚愧無地自容，謝謝您！」

假若是要說服這類自我表現的部屬或晚輩時，可以針對自己的提議，加一點對方的意見：

「按照你的意思！」

「正如你那天說的一樣……。」

把對方的意見摻雜在說服裡來說服對方。

▼自我表現型者有野心家的一面，所以在說服之前應做好準備工作或人際關係，以免對方突然將頭一轉，依附不利於自己的一方。例如，依附比我們高一等的上司，並且從中做梗，掣手掣肘，甚至落井下石。

(2)爆炸型——燃燒的類型

爆炸型的人具有強烈的活動性；個性爽朗，碰到任何事情都能自我解釋朝向有利的想法，進而熱中的著手進行。這類型的人，心情時好時壞，屬於「說風就是雨」的個性，具有優秀的應變能力。容易衝動，凡事不先經過深思熟慮就貿然採取行動。欲說服爆炸型的人，要點如下：

▼說服這類型的人，應先說出生動感人的結果，使其動心。讓對方感情衝動起來，說服方能產生一線生機，這是最有效的方法。

例如，明天會議所需要的資料，想拜託這類型個性的部屬留下來加班時，就要如下地說：

「無論如何一定要在今天做好，那樣才有可能在明天的會議中，獲得大家的同意。事實上，有這麼多資料，明天應該是不會被否決的。或許副總經理會皺皺眉頭，但這也不算什麼，只要最後他答應就行了！如果按照企劃施行，下星期就可看到成績，你也會開始忙碌了，必須奔走於各分店之間……。」

另一種方法，就是故意讓對方生氣。

「我真沒想到你是這麼懦弱的人。難道你的企劃案在明天的會議中被否決，也無所謂嗎？」

用激將法來動搖對方的意志。

▼拿出困難的工作來說服看看。

▼要說服這類型的上司時，千萬不要被拉進對方的思想體系或步驟中，要冷靜的應對。當對方講出毫不留情或不客氣的話時，千萬不可介意，否則會使說服失敗。對方坦率的說話，我們也率直的聽話，聽過就算了。

(3)猶豫型——杞人憂天的類型

猶豫的人常常自己默默的苦惱著，屬於無法充分表現自己的類型。理想過高，但自己的能力不足，所以不斷自我困惑苦惱著，只要一聽別人有所批評，心中就會非常介意。猶豫型的人因為動作慢，容易失去一些好機會，有強烈的消極傾向。

欲說服猶豫型的人，要點如下：

▼想說服這類型的人，不可太性急，不妨先和對方慢慢的交談，使其產生自信。對方本來就有能力者，要讓其盡量發揮全部的能力，就要將工作的重點和說服加在一起說說看。

例如，欲讓這類型的部屬，接手從未做過的工作：

「任何人不論做什麼事，第一次都會感到不安的，這種不安若能適可而止未嘗不好，有時反而可以增加我們的勇氣，假若完全不會感到不安，那才危險呢！我想你現在最擔心的，可能是不知如何和那家代理店老練的經理接觸，或是擔心集合所有的員工，做一位稱職的司儀吧！

我想以代理店的立場來看，他們一定是拼命的想增加其利益。當然，他們也會需要協助與指導……，所以，你只要經常站在對方的立場替對方設想，你就會忘記自己個人擔心的問題啦。

你平日就很認真，這次是你活用所學的大好機會，若遇上任何困難，我一定會支持你的，別擔心，好好地試試看吧！」

以上這番鼓勵的話，不斷重複的告訴猶豫型的部屬，對方的心理才會傾向答應的意願。

▼欲說服猶豫型的上司，要先從容易獲其肯定的事情開始著手，慢慢累積方可達成說服的目的。假若一開始就要說服這類型的上司答應困難或冒險的提案，上司可能會先保留提案，時間拖延過久，也就無疾而終了。因此，我們平常就要和上司多做意識上的疏通，去了解猶豫型上司最擔憂介意之事為何。大概的捉住其心理動向，這是說服猶豫型的人的重點。

(4)冷靜型——講道理而冷漠的類型

冷靜型的人體型似乎大多屬清瘦型，他們有冷靜、清晰的頭腦，凡事都以「道理」來追究，給人一種不易親近的冷漠感。有時為了實現理想，經常不顧現實，即使出口傷人，也毫不在乎。

說服冷靜型的人，最好的方法如下：

▼充分準備說服的內容，事先準備周延的道理，使說服的過程完整而順利。若其中有拖拉或矛盾的地方，馬上會遭到這類型者的反駁與攻擊。

碰到這種情形，若對方是上司，極可能會冷漠地說：

「我很忙！沒有時間在此陪你窮磨菇。」

如果遭到對方無情的反駁，下次再要說服他，可就不那麼容易了。

假若我們所說服的部屬，是屬於冷漠型的，可先指責其弱點或缺失之處：

「你和技術部門聯絡得不夠。」

單刀直入的指責冷靜型的部屬，會使他們感到驚慌。此時，我們再詳細的解釋工作要項，進而有條理的說服對方。

冷靜型的人，容易使別人對其產生冷漠的印象，有難以親近之感。因此，我們要用相反的方式來接近他們，如用輕鬆的心情和對方接觸。假如要說服對方的內容準備不夠或發生問題，可以率直的和對方商量，這也是對付冷靜型者的一種方法。自己去接近對方，對方較易接受，一旦對方被說服，往後還是會繼續給我們指導的，這就是改以商量型態的說服法。

(5)機伶型——言行靈巧的類型

機伶型的人對任何人都很和藹，使他人對其產生「好人」的印象，屬於社交家的類型。這類型的人外表給人很世故的感覺，他們能按照別人的期望來做事，一旦做錯失敗或立場衝突時，就會很巧妙的溜掉；他們不喜歡痲煩的事，是言行靈巧的類型。

說服機伶型者的要點如下：

▼面對這類型的上司和部屬，各有不同的說服方法。假如是屬於這類型的上司，我們要儘量減輕對方的心理負擔，所有的事情要儘可能在事前辦妥，讓其只負責簡單的任務即可。要求這類型的上司衝鋒指揮第一陣線，是最大的禁忌。假若「誤踏雷區」，上司就會產生警戒之心，逐漸疏遠前來說服的部屬。

這類型的上司，常會以一副很輕鬆的樣子說：

「一切都讓你做主就好了！」

機伶型的上司，雖表面度量宏大的表示一切我們皆可自行做主，但在工作及業務報告上，我們應該要確確實實的做。否則，正因他沒有親自動手，我們又沒有確實的做事，他就可能無法圓滿地向其上級交代。所以，上司的本意是要我們認真的做業務報告，並適時向其做適當的報告。因此，上司全權由我們自主的工作，我們更要確實地執行。

▼假若部屬是屬於機伶型的人，他常會對我們所交代的工作說：

「我已經知道了！」

因此，我們必須進一步確認對方「知道」的程度。

「你知道多少？」

「什麽時候可以完成？」

「你說說看工作的範圍？」

如果不事先確認，往往會發生如下的情形，此類部屬會在我們追問交代的工作時說：

「這是拜託張三先生做的。」

「我拜託你做，不可交給別人，我想後半部的工作，還是要交給你來完成。」

用這種方式說，讓對方無法逃脫。然後，再透過平日的接觸，讓對方知道輕鬆取巧的態度是使不得的，現在若不完成工作，結果是自找麻煩。

⑹頑固型——拘泥的類型

前面已詳細說明，不再贅言。

事實上，現實生活中不可能有與上述各類型完全貼切的人；但是，我們可以大略的加以判斷，以便找出更加適合的說服法。

4● 說服不易進展時，要修正T・P・O（Time.Place & Occasion）

◇◇時間、地點、場合

有的人事先預想到說服可能無法順利進行時，常會四處說道：

「唉啊！真糟糕！」「真是困惑而難辦的事。」

假若此人平日做人還算不錯，周圍的人就會苦笑著說道：

「他又開始訴苦了！」

對方可能因為體恤，因此就接受其說服與要求。但這是有限度的，若不斷的使用這種方法，往後就無法再順利的說服他人了。有的人事先知道第二天公司會要求員工加班，就說：

「明天，我太太的父母要來，我非回去陪他們不可，真糟……。」

事先佈下防線。但事實上，常用這種策略者，久之，一定會被視破而遭人非議，甚至降低自己的說服力。所以，不論是說服或防止被說服，事先宣傳設防是有一定限度的。

說服不順利時，我們應先分析原因，茲舉下例供做參考。

第一、當與對方對立的情勢趨向激烈，導致雙方感情破裂，甚至拍案對罵。這種情形較不常發生在工作場合裡，卻在集團之間的交涉，時時可見。

先是產生對立，演變到最後，就會造成說服的失敗，因此，當雙方起衝突而尚未決裂之前，應先中斷說服，等對方情緒冷靜之後，才可再度進行說服。人的情緒都是起伏不平的，但也會隨著時間的流逝而漸漸淡化。若在說服的過程中，對方情緒過於激動，就要採取中斷說服的方法，間隔一段時間，等對方情緒冷靜穩定下來，再試著說服。

美國總統林肯因意氣用事而書寫的信，絕對不會當天寄出，而是自己留下來，第二天再重新寫一遍，這是因頭腦、情緒比較冷靜，故當別人收到信時，其字裡行間皆充滿友情與溫暖，絕沒有衝動與刺眼的字句。這是林肯相當有名的故事。

說服者雖然在過程中先暫停說服，但並不是完全停止進行，而是在等待再次說服的時機。因此，不論對方是否還再為不久以前衝突的事情耿耿於懷，我們要儘量的採取親近攻勢，主動先和對方打招呼，培養親密感。

總之，雙方對立趨於激烈化時，彼此的裂痕會越趨擴大，唯有採取中斷法才能使雙方都冷靜下來，更重要的，在中斷的過程中，儘快找出彼此的一致性與共通點，以增進彼此的親密關係。

利用書信說服時，必須注意的幾個要點

1 事先寫封信給對方，讓對方有接受說服的準備。
2 當彼此不能面對面談話時，可將內容寫在信上來進行說服工作。
3 透過信所給人的新鮮感做為說服的方式。
4 如果信是在你情緒非常激昂的情況下所寫的，不妨先放置在一旁，隔一晚後再重新閱讀，考慮是否要投寄。
5 當你要出差或有急事而不能直接與對方交談時，可留下一封說服信，這是非常有效的方法。
6 對於文書報告之類的東西，也可以善加利用口頭說明來說服。
7 提案和建議必須活用有關資料，再利用文書形式加以說服。
8 對於在感情上有糾紛的對象，利用書信來說服，可使彼此都比較冷靜。
9 當你需要有事後證明時，可以書信為之。
10 書信要寫得淺顯易懂，而且最好字體端正。
11 主題要明確，並且能夠引起對方的興趣和關心。
12 想要說服的事，要用大字體清楚地標示出來。
13 如果對方是非常忙碌的人，而你的信又寫得過於詳細，反而會造成反效果，所以最恰當的是簡潔明確的文書。
14 如果有必要，可以附帶資料和圖表。
15 為避免要點或數字的遺漏，可以用5W1H（who, when, what, where, why, how）的方式來逐項檢討。

◇◇更換說服者

第二、另外一種情況是，說服者為對方所討厭的人，或是對方有先入為主的觀念，使得說服無法順利的進行。

人類確實是相當奇妙的動物，每個人都有自己喜歡或厭惡的人。但是，可以確定的一點是，自己厭惡他人，也會為他人所厭惡的。所以，說服遇到這種被人厭惡的情形時，一定要知道被對方討厭的原因。

「我和他見面時，就像仇家一樣。」

「我們就是不投緣……。」

遇到以上與自己不合的人，我們就必須另外找人來代替。

接著，我們來談「先入為主的觀念」。對方因某種原因，事先即對我們抱持著偏見。如此一來，不論我們說服時如何花費唇舌，對方根本就不肯改變先入的觀念，更不會接受我們的說服。具有先入為主觀念的人，在拒絕我們的說服時，表面上都會說出冠冕堂皇的大道理與理由，可是其中都摻雜著其先入為主的觀念。遇到這種情形，我們應該好好的聽對方說明原因，才能了解對方的心意。對於迫在眉睫的說服，卻遇上這等麻煩時，最好的辦法是另找他人代替自己前往說服。找來代替前往的說服者，最好是被說服者親密的好朋友，或其信賴的人。

例如，常在公司或機關行號的櫃台處聽到客人說：

「和你沒什麼好說的，你不懂，去叫你們負責人出來，聽到沒有。」

客戶這種說話的語氣，常使得櫃台人員感到生氣。其實，類似的情形最主要是，客戶對「頭銜」產生先入為主的反應，只要經理或科長一出面，客戶就多少會先鎮定下來的。

說服對象有如前述，對我們產生不佳的印象，或已有先入為主的觀念時，即應找代理人前往說服，這個代理人一定要對其有強大的影響力。更換人選前往說服的方法，又叫做「緩衝說服法」，此法廣泛的被使用。

◇◇改變場所

第三、還有一種情形是，說服的內容無法被對方接受，因此發生說服的困難。

例如，公司要求部屬晚上全部留下來加班，處理一些緊急的工作，部屬事先知道皆紛紛表示無此必要，同時也不願加班。因此，辦公室裡一整天的氣氛都不太對勁。

這個時候宣布並說服職員加班，一定會碰釘子的。若是我們碰上這種情形，該怎麼辦呢？

該公司的上司到了中午，到職員們休息區說道：

「大家還記得去年底吃尾牙的那家酒樓嗎？房間相當寬敞，服務小姐也非常的親切與周到，大家不是很快樂嗎？」

「是啊！」一位職員回答道：「我記得很清楚，我們尾牙一餐飯吃下來，要回去時就和她變得很熟，她們還說歡迎我們再度光臨，我也回答說：『放心！無論如何，我們還會再來的。』哈……哈……」

「是啊！要不要再到那家酒樓去看看？下班後大家一起去，先將工作處理掉，大概到七、八點就可以結束。然後，我們再去那家酒樓喝幾杯酒，痛痛快快的玩。」

想起去年快樂的場面，職員們都開始騷動了起來，大多希望能再到那家酒樓。不久，其中一位職員說道：

「課長，我想，工作還是儘量先在辦公室裡處理完畢，然後再去玩個痛快吧！」

另一人馬上接著反應：

「就是嘛！那家酒樓本來就不是工作的地方。」

「好！」課長做結論的說：「明天，大家一起到酒樓去爽一爽，但在享樂之前，要先將工作處理好，好嗎？」

這個故事是『知性的行動』一書中所記載的實例，在此將其改變為互相對話的方式，提供各位做為參考。讓對方想起愉快的場面，提供變換工作場合，轉變其厭惡的心理與想法，這種說服方法適用於說服的內容不為對方所接受時。巧妙的利用場合的變換，來幫助說服的進行是一種相當好的方法。

5●說服女性的要訣

◇◇女性心理五大特徵

身在全都是男性職員的工作單位的男性，心中常常都會想著：

「假如能有一、二位女同事，該多好啊！」心裡非常羨慕女性較多的工作單位。

但是，有的男性真正身處周圍都是女同事的工作環境時，又會開始抱怨：

「天底下再沒有比女人更難纏的了。真想調到全是男性的工作單位。」

由此可知，在缺乏女性工作伙伴的場所，男性們總希望能有女性一起工作；一旦如願後，卻又抱怨女性是難以應付的對象。可見男性有時確實是相當任性的。

雖說女性具有吸引男性的力量，但男性面對說服女性的問題時，常感到不知所措。

「我覺得女性真是湯手山芋，真難對付。」

「光是我太太一人，我就不知該怎麼應付了，還要對付公司中的……。」

有的男性會有上述的心理，一直逃避說服女性的工作。

現代社會，已經有許多女性活躍於工作場合中。男性若無法說服女性，如何能成為一位「能幹」的人？

一般而言，女性有五個相當醒目的共通傾向。

(1)被動與依賴性

女性的身體構造，本來就是呈被動性，在工作場所，亦大多屬於被動的立場，或等待別人分配工作的狀態。假如女性表現得比男性更為傑出優秀，就會被人評斷為：

「她愛出風頭！」

「她是女人，這樣做似乎太過火了。」

「她像個男人婆，真是女強人。」

女性正因有如上的種種顧忌，所以都是扮演被動的角色與立場，等著別人分配工作給她們，言行舉止也不敢擅自做主，因此女性具有強烈的被動與依賴性。

(2)要求公平

有一超級市場的人事處表示：

「對於想換到另一超市工作的女性員工，我們詢問其理由，她們的回答是：我們部門的主任，只偏愛××人。」

這些想提出辭職的女性員工，雖然還沒真正採取辭職的行動，但心意已形成巨大的不滿，甚至演變成不願與公司合作，或不接受任何的說服……等情形。

「對上司不滿」的種種原因，其中又以「不平等待遇」最為凸顯，是女性最常抱怨的理由。

⑶需要被關心

屬於被動而依賴性強的女性，非常在意一件事，那就是：

「對方如何看自己？」

這種以別人的意見肯定自己的情形，正足以證明女性是處在不安定的狀況下。

「我是重要的人物，我是公司中不可或缺的人物。」

正因女性有這種想要確認自我定位的心情，所以喜歡男性用語言來表示對她們的關心。男性不妨利用機會以語言表示對她們的關心，女性的心情會比較安定，對男性欲說服的要求，也會很樂意的接受。

有的男性經常很順口地對女性說：

「謝謝妳」，「勞駕」，「對不起」，「請」

上述客套氣話會使得其較易獲得女性的支持，同時，也會使女性心中「這種芝麻小事都要叫我做」的想法消失殆盡。

⑷敏銳的第六感

女性具有敏銳的第六感，不是男性所能比得上的。男性無論是談話或是洽商，只要用語言說出圓滿的道理或理論即可解釋一切事物。女性則大不相同，女性和對方談話時，要看對方的整體表現，並高度發揮其靈敏的第六感。所以，才有所謂的「親眼所見，百口莫辯」之說。

「男性在無意間所露出的本意，女性一絲一毫也不會看走眼。」

能率直、爽朗、乾脆露出本性的男性，較易獲得女性的好感，進而說服女性。表面上總是以冠冕堂皇的大道理來裝飾自己的男性，反而會被女性所討厭，因為她們能用敏銳的第六感，一眼看透男性背後的真面目。

女性職員不同於男性員工，對工作會一直熱中的做下去，她們會客觀的觀察男性的工作情形。有時男性找藉口矇騙上司，女性一眼就能戳破，使其毫無遁形。

此外，女性員工彼此的交流會擴大到許多方面，甚至於男性的私生活。所以，有關男性員工的各種評價，所有的女職員立刻都會知道的。

「討厭李先生」「看不起他！」「那樣子他太太真可憐！」……等等。

這些傳言，很快地會流傳在女性職員的話題中，如此一來，被人風言風語的男性，其說服力就會大大的降低，並為女性所輕視。

(5)保守的傾向

男性能在瞬間發出強勁的爆發力，但女性卻具有持久的能力。反覆的做某一項工作，女性職員較能耐得住，同時也較具有穩定性。穩定而持續的做某一事，能使女性的心理產生一種安定的感受。反之，若要女性處理新事務，反會使她們產生不適應的不安感，進而產生反抗的心理傾向。

「女性最麻煩了，應將目前的工作改變一下，讓她們做一些新的工作。」

有的男性會有這種想法，但女性因天性所致，一旦安定下來，就會一直保持現狀的做下去，不再往前衝刺。

◇◇跟女性接觸的三大要點

女性對男性在無意間說出的話語或一點點的小動作，就會有所反應，並且擱在心中，記憶良久。假若在她們心中留下是好的印象，那就相安無事；若是留下壞印象，則男性前往說服或要求某事時，會產生意外的困難與障礙。

以下所提供的三大要點，可做為如何與女性接觸的方法與參考：

〈1〉若無其事的與其接觸

男性常在不知不覺中，會有一種男性優越意識，認為把一些瑣碎的工作交給女性做是理所當然的。對女性的工作及其本身，也表現出毫不關心的樣子，但這會使女性很不高興，心中想著：

「這也是女性分內的工作嗎？」

假若，男性說道：

「對不起，時常麻煩妳，真不好意思。」

能在拜託女性做事時，說一些客氣的話，偶而還自己動手幫忙，才能博得女性的好感。

例如，有複印的工作，使得女職員做到傍晚快下班時，這時，男性可若無其事接近她說道：

「我順便幫忙妳吧！一起複印好嗎？」

需特別注意的是，只限於工作方面的幫忙，要表現出若無其事的樣子，不要讓她們以為是特地幫忙。能做到這個程度，就會受到女性的歡迎，也較易獲得女性的協助與合作。

照理說，當工作結束下班後，只要一踏出公司，上司和部屬應該都是平等的。但實際上卻沒有這麼單純與容易，特別是男性，他們垂直縱向的階級觀念相當強，不消說踏出公司一步，即使到輕鬆舒適的娛樂場所，也還是會維持上司與部屬的關係。在這種場面，女性的眼光與感覺就顯得特別的敏銳。

假如同事相偕到酒吧去喝一杯，從倒酒、調酒都理所當然的讓女性去服務，她們的內心一定會怒火中燒。若在此時，聰明的男性就會說：

「好！今天讓我來為大家服務吧！」

說完便第一個站起來調酒，接著說道：

「好！先從女性開始斟酒。」

說罷，便先將調好的酒，替女性斟滿一杯。

「科長，看您的手法很純熟、老練的樣子，您在家裡時常做嗎？」男性職員開玩笑的問著。

「在家裡都是太太服侍我的。」

「科長！您大概只是說說而已。」

「哈！我只是想開開玩笑而已，其實在家，都是我服侍我的太座。」

「哈……。」又引起哄堂大笑，使得場面的氣氛變得非常的輕鬆愉快。包括科長在內，全部在場的職員，都度過了非常快樂的一段時間。

一旦離開上班的場所，身為上司者就要能撇開其上司的身分，主動地和員工打成一片，尤其要特別顧慮到女性職員的立場，這會使女性職員產生好感。

〈2〉女性討厭不經大腦的談話

與女性談話時，有三大禁忌要特別注意：

「妳進公司幾年了？」

「妳今年幾歲呢？」

「妳怎麼還不結婚？」

本來是為了表示關心與親切而善意的詢問，但會意外的發現，這樣問會使女性產生強烈的厭惡感。最好避免問她們有關上述三類問題為妙。

說話習慣不經大腦的人，千萬切記不要冒犯女性禁忌的事物。

一起到酒店去喝酒。科長想叫其中的一位女職員：

「喂！妳……。」

若碰上性情較陽剛的女性時，她會馬上反駁：

「我不姓『喂』，我有名有姓，請你叫我的名字吧！」

不料，另一位男職員竟說：

「啊！不是叫妳啦，是叫妳旁邊那位！」

這種情況，站在女性的立場來說，她會有一種被羞辱的感受。這位男性員工雖然只是無心的一句話，並無惡意但就是表示說話有欠考慮，不經大腦。假若一個人多向別人說幾次不經大腦的話，往後，其要拜託別人的事就算再簡單，別人也不會答應的。

〈3〉對工作要用嚴肅的態度

公司是工作的場所，這點不管對男女職員來說都是一樣的。分配工作給女性職員時，一定要考慮到其是否適合。話雖如此，也不要因此姑息女性職員，反而造成負面的影響。

一旦分配下去的工作，請女性職員務必貫徹到最後，若中途發生錯誤，男性即應接手幫忙。這種中途接手，表面上好像是在幫忙女性，實際上，對她們毫無益處。

幫忙女性當然可以，但幫其度過難關後，最好就放手讓她們自己完成工作。因中途有人接手代替工作，會養成她們不好的習慣，往後只要一碰到稍微困難的事情，她們就會發出求救的訊號。要求其做完工作，她們會不假思索的說：

「太困難了！我做不來的。」會產生逃避而不肯負責任的心態。

假若女性職員做錯事時，就要明白的指責她們，或以一副「不得了」的表情，卻什麽話也不講，這是使女性職員們感到最悲哀的。

「反正我就是這種人，在公司裡有沒有我的存在，根本就無所謂！」

一旦使女性職員產生這種想法，做事就不會有幹勁。所以，責罵女性職員是要講求方法。

有一位女性職員忘記更改開會的場地。對方客戶因更改商談的日期，所以展示的場地也必須改變預定的日期，這位女職員卻忘了處理。於是遭到上司的責罵：

「也許妳很忙，但那不是理由，原因在於妳工作的方法不對。當客戶與妳聯絡改變日期時，妳應該馬上改變預定場地的日期，這兩項工作應合併成一件事。

很僥倖還有另一間空著的會議室，否則，結果真是不堪設想。因為這次是新產品的重要說明會，若沒有展示場地會使公司失去信用的。只要有一點點錯誤，都會影響到公司的信譽，這就是工作。

當然，妳的領悟力很強，我想下次一定不會再犯了。」

上司指責女性職員錯誤時正確的作法是先說明原因，再談及今後的對策與改進的方法，失敗對公司的影響，最後再鼓勵她。上司不是嘮嘮叨叨的說個不停，而是具體的指出錯誤所在，指責過後，馬上要表現出很開明不再介意的樣子，這才是最好的方法。

◇◇說服的要點

女性比較具有強烈的警戒心，若突然的前往說服，會遭到她們的拒絕。想使說服成功，就應先製造對方接受的情勢。不妨這麼說：

「無論如何，妳最合適不過了……。」

以期待的語氣請求對方，再明示其工作的要點，促進對方的決心。依以上三階段進行，定可使對方接受說服。

【第一階段】製造對方接受說服的情勢

以一副委屈求人的表情來說服別人是不適當的。如果說服者本身都表現出毫無自信的樣子，反而容易造成對方不安而猶豫不決的心態。

其實，要說服女性職員時，假使所要說服的是簡單的事，就以大方、乾脆的態度向對方解說；若要求的是麻煩的事情，就要儘可能詳細的解釋及說明。

例如，某男科長聽說A小姐對其工作感到不甚滿意，因此科長想邀A小姐下班後，一起去喝酒，並想直接了解A小姐不滿的原因與其心情。於是對A小姐說：

「聽說車站附近新開一家啤酒屋，妳知道嗎？」

「不太清楚。」

「那好，下班後我們去看看吧！只要三十分鐘就好了。」

因科長的語調似乎很期待，而且只花三十分鐘的時間，A小姐也就不好意思拒絕。

用開玩笑的方式使對方寬心大笑，可緩和對方抗拒的心理，這也是製造對方接受說服情勢的方法。

「聽說妳有一位朋友是個大美人。是真的嗎？」

「真的！你聽誰說的？」

「我想不會有這種事，妳的朋友那會有美人？」

「為什麼？」

「因為我認為妳已是最美麗的女人了！」

「呵！你真會說話。」

這位女性因為這個意外的玩笑，產生愉快的心情，反而主動地說：

「有什麼事需要我替你效勞嗎？」

【第二階段】抱著期待的心情

女性對新的、困難的工作，會產生猶豫的心理，故很難答應說服。聰明的上司這時就會先稱讚她平日的工作狀況，建立其信心：

「妳的膽量真大！我很佩服妳的鎮定，有時候五支電話同時響起，妳也能不慌不忙的一一解決。碰到對方較囉嗦，妳也能加以擺平，很少有人注意妳的能力，但我知道這不是一般人就可做到的。

依妳這種鎮定的處事能力，我想……。」於是就從正式進入欲說服的主題。

有時，當女性面對從事新工作的說服時，會產生「目前的工作，是不是會被別人取而代之？」的疑問，而面有難色的表示：

「我不大願意……。」

此時，男性就要多花點時間，充分詳細的說明新工作的性質、重要性，並且表明該工作只有她一人適合……等。最後再加一句：

「經理也是期待妳能接下這項工作。」

女性職員一聽說連經理都信任她，一定會很樂意接下新工作的。

【第三階段】明示工作的重點，促其下決心

一位上司欲重新整理客戶名單，並算出商品的預估價格。他想將此工作全交給一位女職員，她進公司已經五年，處理工作與辦事的態度都相當果決及迅速，是上司心目中最適當的人選。

上司在交代她工作內容時，先讓她了解這項工作的宗旨，接著詳細解說工作的方法，並提出數種不同的進行方式，以供其參考。

「剩下的事情請妳自己想辦法解決，先做個提案，再請印刷廠就此提案預估價格。」

交代工作時，如只說明方針與目標，這樣會使其找不到門路與目標的，尤其擺明了「你自己看著辦吧！」的態度，會使對方感覺這是難以應付的工作。特別是女性員工，若只是表明目的，就將全部工作委託其全權處理與完成，會使她們失去信心的。

交付工作給女職員時，一定要指示要點，說明幾種可行的方法，然後才可以放手的說：

「剩下的妳自己想辦法吧！」

這樣可促使對方接下工作的決心，並開始進展工作。若是臨時插入急件要她儘快完成，也須事先指示工作的方法與要點：

「妳核算去年工廠的監督者訓練費用，把資料全部都釘在一起，放在科長座位後面的架子上。這個本子裡有計算資料，算出核計數字，請別人複印就好了。」

能如此明白地交代，她判斷完成這項工作只需花費幾分鐘的時間，也就樂意接下這項工作。

6●說服上司的要點

◇◇說服上司的難處

要說服上司是一件非常困難的差事，因為站在上司的立場，他們不喜愛被他人說服的感受。再加上上司在掌握人心這方面有著豐富的閱歷與經驗，所以部屬前往說服時，一想到面對的是自己的上司，就會產生心理上的障礙。那麼說服上司的要點為何？

說服上司的秘訣在於，要讓上司接受說服後，還覺得是自己的意願或仍是自己決定的，而不是被部屬說服的。

有的上司非常不喜歡被他人說服，態度不但保守而且強硬，即使在不得已的情況下被說服，他還是會嘴上不饒人地說：

「終於上了你的當。」

「我本來就和你有相同的看法！」

上司之所以會做最後的抵抗，是因為他們希望大家知道：

「我並不是被別人說服，一切都是按照我自己的意願決定的。」

大家也許會真以為此事是上司自己決定的，並非被他人說服才決定的。但對說服者而言，說服工作已經成功了。因為上司已按照說服者所說服的方向進行。

最好的說服是不必有任何措施，也沒有任何挫折，即可讓對方付諸行動。事實上，卻沒有這種不勞而獲的事。能夠不用任何技巧就說服上司，大抵都是上司與部屬彼此談得來，互相了解對方，已形成雙方信賴的關係所致。

因此，在說服上司之前，應先了解上司在整個組織上的特性，以及立場任務、個性等等。我們的立場則是協助上司做好所有的任務，以及去擁護上司，才能獲得其肯定。

◇◇不可逼迫上司

有關某些新產品的開發計劃，黃經理總是遲遲不做決定，已經大大地影響了工作進度。黃經理的屬下A先生，曾經有幾次主動地去找黃經理，請他趕快做決定，但黃經理每次都是顧左右而言他，似乎不願在A先生的面前做任何決定。

有一天，在商業會議上，A先生終於忍不住，衝動地忘了自己是會議主席的身分，用非常尖銳的語氣說：

「經理總是遲遲不肯做決定，我們根本沒有辦法做事。」

「所以我才說我自己做決定啊！」經理立即反駁。

「但是！經理到現在還沒有任何的決定！」

「我又沒說現在就做決定，應先請示總經理的意見對不對？近期內一定會有明白的指示！」

「太慢了，就是因為上級做事的態度拖拖拉拉，我們的業績才會不如人家。」

「那只是一個人的想法吧！」

「不！我們企劃組的人都是這麼認為的。」

「那可不一定喔！總經理要是知道你今天的說話態度是不會不管的。」

A先生一聽經理這麼說，心中直罵「太卑鄙了，先抬出總經理來嚇唬我，還說別人不一定和我有同樣的想法，分明是想孤立我嘛！他自己不先想辦法解決問題，卻把責任全都推到我的發言上……。」

第二天早上，A先生便把自己的不滿全告訴當天不在場開會的S科長。S科長便帶著A先生到另一小房間，對A先生說道：

「A兄，你好好地聽著，我了解你的心情，問題是出在你說服的方法上。抬出總經理來壓你，固然是黃經理的不對，但把黃經理逼得毫無退路，則是你的錯。無論任何人，在衆人面前被逼迫，一定會產生自我防衛的心理。其實這件事情我也向黃經理提過，但因為你是正面質問他，才會發生昨天的事，每一位主管都是要面子的，他們人生的經驗與閱歷不僅豐富，實力也很強，當然會有不輸人的自負心理，這正是他一直無法接受你說服的原因。

你應先問清楚經理拖延做決定的原因，若在會議當場不便問，會議結束後再問明原因也不遲啊！不要只是責怪經理一人，說服經理時，應說：『只要我能做到的事，請讓我來幫忙吧！若有需要向董事長說明的地方，叫我去解說也可以。』讓經理覺得你是在支持他、幫助他，這是說服上司的態度，也是說服的訣竅。」

「原來是這樣子！」

A先生終於開了竅。S科長又說：

「你最好是以主持會議的身分，一方面促使各部門主管發言，一方面表明立場地說：『有關這個問題，經理是我們的領導人，他是相當費神的；我們做屬下的，也想早一天開發製造最新產品，但是我們需要經理的指示，所以非借重經理不可。』」

▼不要逼廹上司使其感到困窘。

▼讓上司有面子。

▼上司有問題的地方，我們應儘可能協助他或與之合作，一起去克服。

這些便是說服上司的重點。

◇◇讓對方安心的說服方式勝算較高

上司在整個公司的組織裡是居上位者，對部屬有各種權力。但假如無法獲得部屬的支持與合作，就很難達成工作的目標，這是上司依靠部屬的一面。

上司需負責整個公司的業績，若想提高業績，非得靠公司的成員們一起合作與互相協助不可。假若大家拼命工作充分合作，卻每每發生錯誤，則不但無法提高業績，還會影響公司形象。所以上司對部屬的工作情形，一定是時時注意與監督。

身為部屬的我們，若能在自己的工作崗位上有傑出的表現，對整個公司也能有所貢獻，時時提醒自己，要儘量擁護上司，讓上司發揮其力量與才幹等等。上司對我們的看法一定是：

「這個人相當優秀！」

「我可以安心地把工作交給他做。」

若能在上司的心目中，獲得如此好的評價，這就已使說服跨出第一步了。不過，也有的情形是，我們拼命地向上司宣傳、推薦自己的工作狀況和能力，卻無法博得對方的信賴。

所以，「宣傳自己」的方法也是很重要的。

「宣傳」自己的方法之一是——提供情報。

▼「現在的情勢轉變成……。」

將自己的工作狀況與目前進度；向上司大略提一下。

▼「跟著物價的波動，現在正流傳的消息是……。」

借機說起和其他單位有關的事，及預測可能發生的問題和動向。

▼「那天中午休息的時間，正好有機會和客戶聊聊，才知道發生的事情是……。」

把客戶們不滿的意見，按實際狀況轉達。

像上述的情況，不要吝於提供自己所知道的情報與資訊，最好是由自己主動地提供情報。

「颱風橫掃東部地區，當地災情如何？」上司想知道颱風所造成的災情，因此詢問職員。如果職員回答：

「要去問營業調查科，才知道災情。」

「那就快去幫我查一查！」

職員連消息都不知道，可說相當被動。上司看著慌慌張張跑出去的職員，心裡一定會想：

「這傢伙靠不住的！」

假若我們是那位職員，而是在和營業調查科有密切關係的技術部門服務，應該在上司詢問之前事先想到，並實際多了解公司客戶在颱風之後的受害情況。當上司問及時，就可以馬上提供情報。

甚至可以在被上司詢問之前，把事先自營業調查科取得的資料複印一份，提供給上司，並提議今後的策略與補救的辦法。如此必定會得到上司的讚賞：

「真是謝謝你，你的報告相當好！」

若能將提供情報的工作做到這個程度，在遇到需要說服的時候，上司一定會說：

「既然是你說的，那有什麼問題。」

如此一來，說服成功的可能性也就大大地提高了。

◇◇說服時要說：「大家都同意的……。」

前面一節所說的，是指身為部屬者為了說服上司，在平常就應有的準備工作。現在，來談談說服上司時，應注意的事項。

第一、不可有片刻或瞬間的大意。不可因為上司平日頗為信任我們，就斷定上司一定會接受說服，以過度自信的態度說服上司是很危險的。

不管我們在公司中的表現多麼被肯定，上司在聽取意見的同時，一定比我們更慎重，會有更深一層的顧慮。因此在說服上司之前，一定要特別注意，並充分準備下列各項要點：

・說服的內容。
・與上司應對的方式。
・選擇適當的時間與場所。
・認清上司的個性類型。

•提出要求的技巧。

說服前針對以上各項，事先充分地檢討與準備，如果我們假設自己是上司，對於這種方式的說服也會說：「不用擔心。」

那麼，我們就可大膽地前去說服上司了。

第二、應考慮到周遭的事物。上司面對我們的說服，不只是考慮答應與否而已，還會顧慮到答應說服後，對其他人的影響。

例如，答應說服之後，對同一單位裡的職員會有何影響，對其他單位的主管又如何聯繫，甚至是否會產生物價的波動等等。上司若答應A君的說服，該如何向B君解釋與交待。這種平衡職員們之間的心態，是上司認為最不可忽視的事情。

也有的上司因擱置B君的提案，故不便先通過A君的提案，只好否決A君的提案，這種情形屢見不鮮。

說服之前，要先研究問題的性質，確認上司個性的類型及徵求辦公室內同事的意見，做了萬全準備後再去說服上司。

可以請數位同事和你一起去說服上司：

「這是營業部門全體同仁的意見。」

「大家都同意的，……。」

在說服的過程，特別強調「大家」、「全體」等字眼來進行說服。

「大家都這麼強烈地要求，希望科長能答應。」

用這種叮嚀的方式，反覆地在上司面前提，只要所說的事，不違背事實與良心，這是相當有效的方法。

上司一聽是「大家」的想法，知道若拒絕說服者，等於是拒絕大多數人的想法，這樣會使大家失去幹勁，於是會說：

「我知道你想用『大家』來說服我，但是，算了！只要是好事，你就試著做做看吧！」

上司雖答應，多少還是會說一些顧及顏面的話。但是，對你而言，只要說服成功就好了。

7●使部屬工作起勁的方法

◇◇T股長採取的方式

新上任的T股長，非常看不慣已進公司兩年的業務員A先生。因為A先生每次自客戶處回來，第一句話都是「唉呀！」「好累！」「賣不出去。」之類的喪氣話。

A先生的確時常表現出毫無生氣的模樣。例如，他每個月月初應交出的行程預計表，常常到了月底還交不出來。

T股長覺得應該開導A先生一下：

「A先生進公司已經兩年了，應該更加努力才是啊！怎麼垂頭喪氣，一點幹勁都沒有，我應該給他打打氣。」

T股長下班後，馬上採取行動，邀請A先生去酒廊喝酒，他不斷提醒自己，儘量壓抑想責備A先生的心情，先問明A心裡真正的想法才是。

「今年的兄弟棒球隊好厲害！」

T股長先從A君喜愛的棒球隊談起：

「就像睡獅乍醒，連勝十一場比賽。」

「是啊！」A先生開始興奮地和股長談了起來，「和以往完全不一樣，變得好神勇！」

「一樣的球員，為什麼會比以前的比賽成績好呢？」

「運氣的關係！另外和選手的幹勁也有關……，上次比賽也是……。」

A先生的神情和工作時完全不同，意氣風發地說個不停：

「昨天那場球賽，一壘手被球打中，所有的隊友都跑過來圍著他，給他安慰及鼓勵。真是一個相當令人感動的場面……。」

T股長一看時機到了，就開始向A提出有關工作的事情：

「我覺得你最近相當有幹勁，但是……。」

如果在平時說出這樣的話，一定會予人諷刺的感覺，但因為是在酒廊喝酒的情形下，A竟然令人意外地說：

「我是有幹勁的，但有一件事總是無法順利完成！」

「什麼事？」

「就是和客戶聊天時可以聊得很投機，但最後總是不知道該怎麼說到契約的事。」

「你的問題是最後的說服攻勢較弱？」

「我會不好意思！」

接著，T股長又以徐緩的口氣問他有關行程預計表的事，A說：

「我每個月都做了行程預計表，但因為客戶的決定不一，根本無法按照排定的行程來進行。有時計劃排好了，對方突然打電話來請我過去，或有的客戶臨時取消約定，或是我去找對方，但對方不在……等等。因為有這麼多變數，讓我覺得按預計表做與不做都無所謂，所以……。」

「就像你所說的，我也有類似的經驗；但若做了行程預計表，可將一個月內應完成的工作大致分配與計劃，並標示出來。例如，這星期未做完的工作和下星期必須進行的業務，都可以在預計表中一目瞭然。將計劃與實際情況相比較，也可以看出自己較弱的一環究竟在那裡，使行動更具計劃性與合理性，而且行動敏捷，不會浪費時間，這正是行程預計表的好處。」

A先生漸漸露出「原來是這樣！」的表情，並點頭表示贊同。股長繼續說：

「你又有幹勁，對事情又設想得這麼周到，以你這個年齡的人來說，是相當優秀的了。」

T股長特別稱讚A先生，推動他再繼續努力的勇氣，並說道：

「你剛剛談到和客戶聊得很愉快時，最後會不好意思和對方談簽約的事。其實，對方或許早就有合作的心意，但因你無法將交談引導到契約之事，他們往往會因此做罷，我想這是很可惜的事。

以後，假如你要提出預計表時，我可以給你一些具體的指導。碰到只要再加把勁說服一下就可成的客戶，我也願意陪你一起去說服對方。」

T股長說到最後，使得A先生很感動地說：

「是啊！我會再試試看。」

A先生從此以後便改變工作的態度，使得T股長感到十分欣慰。

◇◇說服必須遵守四比六的原則

上一節是以實例來說明說服部屬的方法，但顯然不夠詳細。到底說服部屬的原則為何？簡言之，就是好好地傾聽對方所說的話。

大致說來，上司因為是公司組織中的上位者，所以容易要求部屬按自己的想法去做事。部屬若不肯遵照上司的指示去做，上司就會發牢騷甚至責備他為何不遵循指示。有很多說服失敗的上司，就是因為他們犯了這種錯誤！

部屬和上司一樣，也都不喜歡受別人的左右而改變自己，他們希望在工作上能由自己全權做主，按自己的意願去做事。所以，欲說服部屬的上司，最好讓部屬有自主的感覺，或由部屬親口說出我們想說服的話。只要部屬說出合上司心意的意見，上司即可藉機在一旁推波助瀾地說：

「說得好！就按照你的意思去做吧！」

讓部屬感覺是由其自主的，他一定會去做的，這叫不著痕跡的說服。

說服的能力之一就是善於當一位聽衆。

假若在說服部屬之前，就有先入為主的觀念，如：

「你太沒有幹勁了。」

「你的耐心不夠！」

「光說不練，你這樣是不行的。」

若用以上的眼光來看待部屬，將無法看出部屬真正的心理狀態。若更進一步以偏頗的語氣責備部屬：

「為什麼不照我的指示去做？」

「希望你遵照我的計劃去做！」

用這種話語責備部屬，只會使其越發失去幹勁。

「雖然你說……，但……。」

此時，部屬會採取保護自己的態度，為自己辯駁而反抗上司的命令。

因此，上司要說服部屬時，不單只是說個

做一名好聽衆

1 以四比六，甚至三比七的方式，來做個好聽衆。

2 為了製造氣氛，你可以以非常簡單的兩、三句話來附和對方，並引起對方談話的意願，例如：

「對某某案件你有何看法？」

3 為了要軟化對方的態度，對於天候、對方的興趣、健康、態度、朋友，甚至通勤狀況或房屋等，都可以提出來談。

4 在話題當中不斷提到對方的名字，亦能促使對方有談話的意願。

5 剛開始時，不要問「為什麼？」、「又怎麼說？」等等之類的問題。

6 當對方沈默時不要著急，必須露出微笑，等待對方的談話。

7 想辦法來附和對方，並以「特別是今後……」、「在這種情況下」或「以另一個角度來看」，做為話題的轉換方式。

8 當被對方問及有何想法時，你也可以反問對方有何看法。

9 喜歡說話的人，對自己知道的事情總是滔滔不絕，往往會發覺自己的失態而對你說抱歉，這時再將你的重點說出來，這是個最好的時機。

10 聽衆如果是沈默寡言的人，最好找一些話題以打破沈默的氣氛，並引起對方說話的意願。

不停，還要做一個聆聽者，這才是說服部屬的要點。

雖說做個聆聽者聽部屬說話，但上司也不可默默不語完全不表示意見。以四比六的比例（或三比七）是最理想的，亦即上司應說四分話（或三分）。一般而言，應由上司開始說話，製造氣氛，中間的時間讓部屬擔任「主角」，上司只要扮演「配角」的角色即可。上司的開頭工作，就是要設法引誘部屬開口說出其真心話，若在此時能說些稱讚他的話，則對於引出其說真心話是很有用處的。如：

「那樣已經不錯了！」

「唉啊！你已經知道不少情報了嘛！」

說服的後半段時間，是上司指導部屬的重要時刻，對於部屬們所遭遇的問題要表示支持之意。上司也可先說出自己過去類似的經驗與做法，並為他提出具體的解決方法。

說服部屬的過程中，要注意聽部屬說話，讓他說「六分」！但不表示上司就是屬於被動的。其實在整個說服過程中，上司還是居於引導者的地位，這種方式方可使整個談話與說服工作相結合，進而成功地說服部屬。

◇先讓部屬了解再進行說服

上司必定比部屬更具有豐富的經驗，能力亦較強，可以針對某計劃有較具體的看法，而且也比較有遠見，可以很快地就抓住事情的重點，判斷其可行性如何。

「我覺得這項工作沒有再做下去的必要。」

「我已經碰了好幾次釘子了，那個客戶不可能被我說服的。」

當部屬這麼說著，也許是因其目光較短淺，侷限在自己的想法裡。此時，上司就要向部屬說明他設想不周的地方，讓部屬了解，以拓展視野，這是身為上司者的責任與任務。若上司能做到這個程度，一定可以順利地說服部屬。

某公司的經理任用了一群年輕的技術人員，成立開發新製品的工作小組。他們已經順利地設計出新製品的草圖，但每到試做階段，總是不斷地出現錯誤，而無法成功地開發出這個新產品。然而同業的別家競爭公司，早已經製造出類似的新製品，消息傳來，這群年輕人不禁憂心忡忡。

「再這樣下去怎麼辦！」

年輕人開始垂頭喪氣，認為不可能開發成功。經理看到這種情形，便找了一個適當的時機，向他們說道：

「我在學時的成績，每次都是在及格邊緣，到了畢業或升學考時，更是為成績傷透了腦筋。反觀你們每一個人，都是學校的頂尖人物，各個都是高材生呢！」

看到經理面帶微笑地說著，使得這群年輕人非常不好意思地回答：

「經理不要這麼說嘛！我們那是頂尖人物。」

突然，經理很大聲地說：

「你們都別客氣了！假若連頂尖的各位都無法開發成功的新製品，我想那製品可能就沒有希望上市了。試作的階段難免會失敗嘛！若再從不同的角度深入地去研究，一定大有希望開發成功的，不是嗎？」

這群年輕人看見經理臉上充滿信心的笑容，心情因此輕鬆開朗起來。不久之後，這個開發小組的新製品就開發成功了。

部屬常常一面對挫折，就會洩氣地以為再也沒有指望了，此時，上司應該以果敢的做法使部屬們重拾信心。上述經理的作法就是一個成功的例子。

第五章● 事例研究——「此時」，該如何順利說服

【事例二】

※工作認真，但個性過強與同事不合的部屬，如何說服促使其具有協調性？

●評定其優點

「恃才傲物」的部屬，在公司中總會有一、兩位，因其工作能力強，總不免有一些屬於個人的癖好。美其名是「有個性」，他們有時會以超然的態度工作，有時則強硬地主張自己的想法；有時又對同事直言不諱，而引起種種與人相處上的困難與問題。若只對他們說：

「希望你和周圍的人彼此協調一下，大家充分合作，好不好？」

對「恃才傲物」者是不會起任何作用的。應該怎麼做呢？那便是評價其優點。

我們若存有「這傢伙不好對付」的心態，而對他們敬而遠之，只會使他們在工作場所中更加孤立，成為「荒野的一匹狼」。尤其是身為上司者，更應該率先從評價其優點做起，交付他們較艱難的工作，當他們圓滿達成時，就要對其加以稱讚。而在工作的缺點上，也同樣要做適當的評價，這時他們便會因為上司的持平公正，而想：

「上司肯定了我的實力。」

這便是說服這類型人的基礎與要點。

●褒獎並擇要指摘

這類「恃才傲物」的人才，脾氣往往比較倔強，雖然對困難而麻煩的工作，有較高的挑戰意願，但常受情緒的影響，不高興時，中途撇下工作不管。若別人有一點小錯誤，馬上會予以嚴厲地責備與攻擊。遇到這種情形，即使他們工作的能力再強也沒有用。碰到這類的部屬，我們應以肯定其實力的方式說：

「你在工作上沒有什麼缺點，交待的工作都做得很好。但是，你對人的態度有點問題。富蘭克林在年輕的時候，也很會鬧事，只要認為自己的主張正確，就得理不饒人，所以他雖駁倒了別人，但卻被別人孤立，因為別人都討厭和他在一起工作。

你可以想像那樣的人，不論說什麼也沒有人會理他的，這不是很可悲的事情嗎？你是聰明人，一定知道我在說什麼，更應該可以改進的。

一個人假若得不到周遭朋友的支持，根本無法成大事業。你應該算是公司中的前輩員工，甚至屬於中間幹部，難道不知道你的一舉一動對周圍的人有著一定的影響力嗎？你應好好地自我檢討一下。」

如上述的說法，一再地向他說明。假如對方仍然表現出一副過度自信與自傲的態度，此時就乾脆向他說：

「像你這樣的行為，是會令周圍的人們反感的。沒有你這個人，他們不會有什麼麻煩，也不會有什麼損失，你在場反而成為大家的工作障礙，你應好好檢討你自己的態度。」

採用這種有魄力的語氣，強硬地要求對方改變態度。

【事例二】※能力強的部屬請辭時，該如何挽留？

●立刻處理

上司往往會對能力較強的部屬另眼相待，甚至使其他的員工心中產生不平衡。但正因他有能力，難免會露出鋒芒，假若其發生問題時，我們處理不當，很可能就會導致意外的狀況。有能力的部屬請辭時，應向對方表示這是公司的損失，或表明只要他繼續留在公司，一定會指派給他新任務等等。

儘快地查明其請辭的原因，而且要立刻處理，這是對付這類型部屬請辭的方法。因為稍一拖延，就會變成被動的姿態，而不為對方所接受。

●查明原因再立刻處理

身為上司者，不被周圍的傳言所矇騙，應直接和請辭的部屬本人接觸，最好是單刀直入地問明原因。

部屬可能不會馬上說出請辭的真正原因，只要耐著性子等待，不久，對方的回答可能會有如下的反應：

假若他已有強烈的請辭意願，就會明白地說出真正的請辭原因。若是基於對公司或同事不滿，或是覺得公司沒有前瞻性，就應問明他根據的理由。假若他的看法有偏見，就要舉出若干例子改變他的觀念。

假如部屬是因別家公司高薪挖角，就要問明該公司交付部屬的工作性質、薪資、任用的條件等等，幫部屬確認有無不周延之處。假使對方的條件的確比原來公司所給的條件優厚，就要針對往後有無好處加以分析，舉以下的說法，打消其跳槽的心意：

「人總是站在這山看那山高，再說那家公司比我們公司所給的薪水高，你想到那家公司去也無可厚非。不過，在你之前也有一個同樣的例子發生，而且，還沒有過去根本無法了解那邊的情形，他們的薪水雖比較高，但工作要求卻遠比這邊嚴苛。此外，你說想學點新的技術，那家公司並沒有類似的設備……。

我們公司則是定期會引入一些新的技術，這個你也知道而且每次都開班訓練，像你這麼好學又有上進心的人，一定可以學到很多東西，對你也會有很大的幫助。

你還年輕，可能想多賺點錢，但你若不趁年輕時多學一些技能，到了三十歲就比不過別人了。聽我的話，我不會勸你往壞的方向走，你還是取消辭職的念頭，留在公司中充實自己的實力，以應付未來的三十歲、四十歲吧！千萬不要被眼前的利益所矇蔽。像你這種情形到最後卻後悔的人，我看得太多了。」

假如部屬請辭的目的，是為了脅廹上司接受其所提的要求，而所提的要求不合情理時，我們大可答應其辭職的要求。

【事例三】※如何讓自己年長的部屬心服？

●不可讓年長的部屬處處得逞

「他比我還年輕，就……。」

有些年長的部屬常會倚老賣老地說。只要稍稍對他不客氣，他就會明顯地露出反抗的態度，像這種部屬管理起來著實非常棘手。

最常見的就是對年輕的上司所說的話，總是抱著忽視或不遵守的態度，有時不想去理會他，他卻一犯再犯，甚至影響整個工作的進度。所以最好一開始就以強硬的態度壓制對方；但也要以充分的理由去說服對方，否則一旦流於情緒化，非但事情無法解決，還會使關係更加惡化。

所以，當年長的部屬對你態度不好時，應如何做呢？那就是一開始就不要讓對方得逞。

●不要顧慮太多、要開誠布公的對待

既然你是一位管理者，就應避免過於客氣或顧慮太多。對於不遵守規則或有不合作行為的人，絕對不可以姑息，必須以具體的言詞加以指責，以冷靜的態度說明。

對方的年紀比你大，當你在指責他時，情緒上可能會比較激動。但只要掌握到問題的重點，並以冷靜的態度與之討論，相信問題一定可以圓滿解決。

當然，不要在一開始就予以責備，最好在他第一次犯錯時，故意裝做不知道，直到他第二次再犯時，再以平穩的口氣說：「同樣的事情你又犯了第二次，其實第一次的時候我就已經知道，但我並沒有加以追究，不過這一次我不能再縱容下去。」也許對方在犯錯後會說一大堆理由，只要你說了以上的話，相信他就沒有任何理由好說了。

此外，最重要的一點，就是不要在衆人面前給予指責。任何年齡的人都有自尊心，也都有自卑感，管理者最好能一邊觀察對方的心情，在無人注意的情況下給予開導。

●善加運用年長部屬的優點

年長的部屬資歷深，經驗也豐富，對公司的體制作法也非常清楚，管理者可以運用他這方面的優點，來激發或帶動整個團體。

管理者可以說：「A先生，你的經驗最豐富，可以幫我去處理那件事情嗎？」「B先生是大家的前輩，他可以擔任領導的角色。」以這種口吻來領導年長的部屬，相信他們一定會心甘情願地說：「好。」以回報你對他們的尊重。

【事例四】

※讓有關部門平時較不合作的對象說：「好」

●**不要刻意採取敬而遠之的態度，也不要特別說恭維的話**

公司或工廠的一切作業都是結合各部門的力量，相互合作來推動的，因此當某些工作必須委託有關部門的人去做時，說服力就很重要了。如果遇到不合作的人，無疑是非常地麻煩。

專門接待客戶的女性，如果你問她平時如何接待不合作的客人，她會回答：「對他採取不卑不亢的態度。」

這些令人頭疼的人物，往往都是很愛說話，但又時常突然地就不高興，因此很多人就會對他們採取敬而遠之的態度。但是，愈是敬而遠之，要爭取到他的合作就愈不可能。如果你故意說一些恭維的話，又會讓對方覺得你是在巴結他，這種作法儘可能地不要採用。

●**讓反對你的人說：「好」**

我們在此舉一個實例，來稍加說明說服的方式：

A先生是業務員，他經常會到製造現場走走，並與資深的作業員和班長們打成一片，所以當A先生有任何要求或需要現場人員幫忙時，他都能輕易地得到協助。業務員時常會碰到客戶要求產品在極短的時間內交貨，甚至會有訂單特別多的情況出現，因此如果製造部門不合作，往往會發生無法如期交貨的情形。所以，A先生平時就特別與製造部門的人員作密切的接觸。

A先生的先見之明是得自於他的前輩S先生，S先生擔任庶務的工作，庶務部是管理各部門日常使用的事務用品和必備零件，這些東西都保存在地下室的倉庫中，如果有人需要，必須拿傳票向倉庫的管理員C先生領取。C先生是一位年紀大又不合群的人，一般員工想領事務用品，總要看他的臉色，而且每次領這些事務用品都非常麻煩，甚至耗上半天的時間，因此他給人的評語向來都不是很好。擔任庶務課長的S先生，也時常聽到來自其他部門的抱怨。

有一次在上班時間，S先生到倉庫去與C先生閒聊，剛開始時C先生似乎不太愛理人，也不喜歡說話。但是幾次接觸之後，C先生逐漸地愛說話了，因為C先生喜歡釣魚，他在倉庫的一角放有一根釣杆，S先生於是以釣魚為話題，而逐漸引起C先生的談話興趣。

倉庫裡的東西非常多，而且雜亂無章，每次要找一件東西都得花費很多時間，S先生心想必須想辦法讓C先生整理倉庫才行。但因C先生平時就是個不太合作的人，要說服他整理倉庫可能非常困難。S先生就趁著有一次與C先生談論釣魚的事情時，以一副若無其事的表情，自言自語地說：

「這個地方還是稍微整理一下比較好。」

第二天，當S先生再到倉庫時，竟然發現裡面的東西已經整理得非常整齊，S先生就說：

「C先生，這些都是你幫我整理的嗎？」

C先生臉紅地笑著，卻不做正面的回答：

「那裡也很整齊哦！」

「真是太謝謝你了。」

S先生很感謝C的整理，自此以後，倉庫每天都整理得非常乾淨，需要的東西，也比以前節省一半的時間就能拿到。

S先生說服成功的主因，就是與C先生建立感情。一個不合群的人，只要與他人建立起感情，他一定比平常的人更為熱烈和殷勤。因為這種人的內心是非常寂寞的，他也希望有個朋友。一旦與他建立友誼，要說服他是非常容易的事情。S先生以輕鬆的方式就讓C先生心服地說：「好」，A先生也由這件事情中得到啟示，那就是——他也要效法S先生，以這種方式來說服製造現場中一些不合作的人。

可見心連心的方法，才是說服對方的捷徑。

【事例五】

※如何說服部屬調職到較小的部門

對一位職員而言，調職，尤其是調到偏遠的分公司是一個非常大的打擊，這種表面看似升官，但實質上是近乎半壓廹性地被調職到偏遠的地方。近年來，有些人寧可不升官，也不希望被調到水準較低的地方工作，這是一種新的價值觀，也是造成經濟低成長時代來臨的主因。換言之，就是一般人並不在乎職位的高低，而是在乎是否符合他們的意願。

調職對單身而言，面臨的問題可能比較單純。如果是攜家帶眷，不僅家庭的因素，還有孩子的教育問題，都是相當頭痛的問題。即使調職的地方、職位，甚至薪水都還算滿意，心理上的抗拒仍舊會很強烈。因此，這種公司的人事命令，在某種意義上是一種脅迫，部屬們有時會接受，有時則未必會接受。這時候，管理者對說服的方式就不得不慎重了。

●以不經意的方式說出

「你到公司幾年了？」

「四年。」

「那麼久了嗎？」

「是的，我非常擔心，好像不久就要被調職了。」

「事實上是如此，聽說某地方的分公司正在討論遷調的事情。」

部屬一聽到某地方就沈默了一下才說：

「讓我稍微考慮一下。」

這時最好能給他一點考慮的時間。

●以正面的優點吸引對方

幾天之後再把該部屬叫來，並問他：

「前一陣子我們討論的事情，你考慮得如何了？」

這時候，如果對方回答：「好」，一切就很圓滿了。如果對方答道：「我不想去」，這時該怎麼做呢？首先聽聽他不想去的理由。他一定是站在遷調的負面影響立場，所以聽完之後，你應該引導他朝向正面的優點來考慮。例如，你可以說：

「你所說的理由我都很清楚，尤其到分公司去主要的工作是推銷，對於你這種長期擔任總公司管理部門的人來說，可能不太合適，你會擔心這也是常情。」

說到這裡，表示你對他所提的理由採取認同的態度，但你必須接著強調正面的優點。如：

「適不適合，做了才知道，而且工作最重要的是經驗，如果能去嚐試新的工作，一定可以提升個人的工作能力。始終做同樣的工作，不知不覺中，一定會使學習意願停頓下來。如果你拒絕了，也許你這一生就不再有這個機會，所以，我認為還是趁年輕到處去走走比較好。」

接著又說：

「雖然你所遷調的地方是小地區，可能你也認為那種地方比較沒有升遷的機會。其實不然，我認為遷調最有機會升遷，而且有些人在換過一、兩個地方工作後，反而更有成長，你就是屬於這種人。另一方面一旦改變工作環境，心情也會跟著改變，如果你的心情有所改變，做起事來也會比較起勁，你的家人也會與你一樣更活潑更幸福。」

最後再以期勉的方式做結論：

「某地分公司確實需要你這種人才，把你調過去我也覺得很遺憾，但為了你的前途著想，我還是答應了。」

當事人被調職後一定有很多事情要處理，管理者應該盡力幫忙。例如，當事人可能剛剛才買房子，管理者儘可能替他物色要想買房子的人，或者對於孩子的教育問題，也可以提供自己的經驗做為參考。

【事例六】

※如何拒絕客戶要求漲價或降價

工作時，常常要說服客戶，特別是國外的客戶。說服的方式，不管是採取正面或反面的方法，都必須根據問題的性質做慎重的判斷和處理。

●突然要求漲價的處理

隨著經濟景氣的變化，各項固定或變動的經費也節節升高，因此業者要求漲價是可以預料到的。交貨的價格愈是長時間沒有變化，則要求漲價的可能性就愈高。因此首先應採取的策略，就是在不慌不忙的情況下，先把自己為何不能漲價的理由，以及對方為何突然要求漲價，做一個檢討和準備。作法有三點：

第一是列舉出拒絕漲價的原因，例如：

「誠如你所知道的，我們公司的經營雖然還未到赤字的程度，但處境已非常困難，您突然提起這件事情，我實在不能答應；您應事先照會，讓我有個心理準備的。」

業者本身應非常了解，必須給對方某種程度的準備時間，所以他會回答：

「我了解，那麼您需要多少時間？」

這時候你就可以提出第二點，也就是與業者有關的理由：

「相信貴公司也受到其他公司倒閉的影響，我們公司也是被害得相當慘，就是因為這個原因，所以我們目前實在非常困難。」

不一定非要談到公司倒閉的事情不可，也可以談論競爭對象的關係，總而言之，只要能夠造成威脅對方的效果就可以了。

第三點是提出條件。只要對方不要求漲價，我們可以在其他條件上讓步。例如，你可以在付款條件上稍微地讓步。這是一種提示交貨條件的方法，談判到這個階段就已經可以下結論了，因此你可以說：

「我們現在的處境非常困難，念在我是你多年客戶的立場，希望你這一次能幫忙。」

說到這裡，對方也只好首肯了，因你所提的條件，讓對方很難開口說：「不！」

●不慌不忙地尋找出對方的目標

如果有一天，你的客戶突然要求降價時，你絕不可以亂了自己的腳步。首先，你要向上司報告有關客戶要求降價的事，再一邊尋找出對方要求降價的理由。一般要求降價的表面理由，都是交貨延期、服務太差，或許還有其他的原因，甚至可能是要做一個促銷戰。

第二步就是將資料準備齊全後，與你的客戶商談，說明公司已不能再將價錢降低的原因。如果對方仍要求降價，這時你便儘可能地拖延時間，並且要仔細、脈絡分明地作說明，但絕對不要表示出不降價的強硬態度，你可以說：

「我們也儘可能地想降低成本，但如你所知……」

第三步驟，你可以如此答道：

「這是一個很重要的問題，以我的職位是無法做決定的，但我會儘可能在最近與上司檢討。」用這種方式來保留你的回答，千萬不要一開始就說：「我們會立即做檢討。」這樣的回答無異於你要立刻做決定。總而言之，在聆聽對方的意見之後，最好能將對方的問題暫時保留，或把責任都推給上司，以暫緩問題的進行。

國家圖書館出版品預行編目資料

如何使對方說 Yes / 程羲編著. --2 版. --
臺北市 ： 大展, 民 89
面 ； 21 公分. -- （社會人智囊；55）

ISBN 957-468-005-3（平裝）

1. 溝通 2. 口才 3. 應用心理學

177.1　　　　89007076

如何使對方說 YES　　ISBN 957-468-005-3

編著者/ 程　羲
發行人/ 蔡　森　明
出版者/ 大展出版社有限公司
社　址/ 台北市北投區（石牌）致遠一路2段12巷1號
電　話/ （02）28236031・28236033・28233123
傳　真/ （02）28272069
郵政劃撥/ 01669551
E－mail / dah－jaan @ms 9.tisnet.net.tw
登記證/ 局版臺業字第2171號
承印者/ 國順文具印刷行
裝　訂/ 嶸興裝訂有限公司
排版者/ 弘益電腦排版有限公司
初版1刷/ 1989年（民78年）11月
2版1刷/ 2000年（民89年） 7月
2版2刷 /2000 年（民 89 年）9月

定　價/ 200元

大展好書 好書大展

大展好書 好書大展